青少年足球培训指引
（5~12岁）

邓达之 主编

人民体育出版社

编 委 会

主编

    邓达之：武汉体育学院足球专业教授、足球硕士生导师

        曾任   中国足协科技委员会委员

                中国足协教练员培训讲师团讲师

                中国足协青少部青少年训练工作指导组组长

                湖北省足协教练委员会主任

                武汉市足协教练委员会主任

编委

尤　佳：湖北第二师范学院讲师

　　　　天津体育学院在读博士

　　　　中国足协五人制足球运动发展研究中心研究员

　　　　中国校园足球教练员委员会委员

　　　　英国斯泰福厦大学访问学者

秦　旸：天津体育学院副教授、硕士生导师

　　　　全国学校体育联盟（足球项目）秘书长

　　　　全国幼儿足球专家委员会委员

　　　　法国图卢兹第三大学访问学者

邓　立：中国足协教练员岗位培训讲师

　　　　中国足协A级教练员

　　　　足球专业硕士

图例说明

序　一

2015年，国务院颁布了《中国足球改革发展总体方案》。中国足球管理体制机制的改革、中国足球发展体系的构建列入了国家整体部署的层面。我国教练员队伍的建设是落实改革发展的重要支柱力量。发展教练员整体规模与提高教练员执教工作水平成为实现《中国足球改革发展总体方案》的重要基础性工作。因此，《青少年足球培训指引（5~12岁）》一书不仅具有理论与实践价值，而且具有转变青少年足球培养理念的现实意义。

《青少年足球培训指引（5~12岁）》一书，与传统的青少年教练员教材相比有很大变化。

其一，融入了足球哲学思考。足球充满了辩证法，文中对"练与赛、教与学、强与弱、攻与守、快与慢"等表象进行了反映价值观与方法论的思考，引导教练员在实际工作中，能够切实形成自我认知与判断，从而解决现实教学问题，是提高教练员整体水平的根本。

其二，理念是需要"落地"的，以理念为先导，是指在训练的操作中，必须以足球发展的先进思想为指导，渗透到训练的细节中，改变以往"为训练而训练的做法"，使教练员能够注重把握原理，而不是更加关注在方法上。

其三，该书提倡的在足球活动中以"球员为主导"的观点，体现了"人文关怀"的价值观，不仅有助于孩子们形成自主判断、自主选择的能力，也充分地发挥了足球的育人功能，并使社会、家长、孩子们对足球有了更多的认识。

通过足球活动，实践其"享受乐趣，增强体质，健全人格，锤炼意志"的积极意义，从而达到培养爱国主义、集体主义、顽强拼搏的精神，最后推动全社会实现"让积极向上的足球文化成为实现中国梦的正能量"。

　　该书在理性认知、理论与实践结合、教学与训练、国际经验借鉴与具体国情实践等方面都提出了重要积极的思考，也希望更多的足球实践工作者，能够从中体味更多启示，提升中国足球人的整体思考能力，改善中国足球的发展现状，为中国足球基础教育提供更多的支撑。

　　难能可贵的是这本书的编纂过程正值全国抗击新冠肺炎疫情期间，体现了足球工作者积极进取、永不放弃的精神与情怀，值得我们学习与敬佩。

2020年9月

序 二

前些日邓达之教授给我发来《青少年足球培训指引（5~12岁）》的书稿，诚邀我为该书写个序。尽管本人长期从事足球管理工作，缺乏青少年足球培训的实践经验，但该书的足球思想理念与我的想法非常契合，于是欣然受邀。

足球除了教育的属性外还是一项高强度的竞技运动，参加比赛就要全力争胜。国际足联《公平竞赛十项原则》第一条就是"为胜利而比赛"。任何球队要争取比赛的胜利，最好的办法都是努力压制对方，争得赛场主动，力求最大限度地制约对方技战术能力的运用，而使自身的技战术水平得以充分发挥。正因如此，相互极力施压成为了当今国际足球比赛的常态，并进而引发出高位高压的更激进打法。这种"压迫式"打法已是当今足球比赛的主流趋势，并深刻影响着世界足坛。在亚洲，日本、韩国、伊朗等国球队早已率先跟进，沙特、阿联酋、卡塔尔等国球队也因之在进步，而东南亚球队正沿着这条道路借势崛起。这种发展态势警示我们，中国足球必须跟上时代前进的步伐，才能实现冲出亚洲走向世界的夙愿。

本人退休后参与了许多青少年足球比赛的组织管理工作，观摩了大量国内外青少年球队的比赛。近年来，我国青少年足球活动确实有了较为广泛的普及，特别是校园足球的开展让更多的孩子走进了足球场，使许多具有足球天分的孩子展露出才华。但是，在国内青少年足球比赛及与国外青少年球队的比赛中，依然存在着许多我国足球运动固有的问题。

我国的青少年球队大多不适应逼迫式的快速打法，在与日韩等国同龄球队的比赛中，往往被对方逼迫地失去队形，抬不起头，拿不好球，跟不上节奏。反之，对方球队则如鱼得水、极尽发挥，胜负结果当然就不言自明。

例如，在一次中日优秀少年队的交锋中，第一场比赛日方球队一开场就呼啸着全队压上，气势如虹，把平均高出半头的我方球队压迫在后场30米左右的区域发动猛攻，丢球就抢，抢了就攻。把我方球队压得喘不过气，抢得抬不起头，更无法组织起有效的反击，我方球队终以大比分败下阵来。随后，我方该年龄组前几名的另三支球队与日方该球队先后进行了比赛，因吸取了前队惨败的教训，均采取了以压对压、以逼对逼、以快对快的强硬打法，和对方展开了激烈的拼争。我方以身高体壮的优势压制逼抢、快速强攻，尽管我方有临时抱佛脚之感，面对逼迫较为急躁，技术发挥相对粗糙，在攻防转换中也出现不少漏洞，但比赛局面与第一场相比已大不一样了，几乎接近五五开，最终虽以小比分失利，但是这种战略思想的提升让我们看到了希望。值得提醒的是后者的比赛效果虽有进步，但并不是我们的自觉行为，而是被"逼"出来的。而这些问题同样反映在与西亚及一些正在崛起的东南亚青少年球队的比赛中。

我赞同《青少年足球培训指引（5~12岁）》一书中的观点，"重要的是要教会孩子们会比赛"。造成目前这种现状的原因我认为有三：

其一，未能跟上国际足球发展的步伐，对现代足球理念的认知及实践的重视程度明显不足，导致了我们在训练和比赛中存在较大差距。

其二，训练中忽视或脱离比赛实战对抗，特别是脱离高速高压的对抗。一些足球先进国家从比赛实践出发，强调青少年培训"从一对一开始"，逐步增加对抗人数、扩大对抗范围，最终发展到全队全场的对抗，以逐步锻炼和提高他们在实战比赛中的技术、战术和思考的能力，而我们不少教练员还在把非对抗的"技术磨炼"当作青少年培训的圣经，其结果是培养了只会踢球而不会比赛的球员。

其三，因上述原因所致，国内青少年足球比赛缺少高对抗、高压迫、高速度、高质量的竞赛环境，难以培养锻炼出符合现代足球比赛需要的高水平球员和具有较强竞争力的球队。

"以压制压，以快制快，并比对方做得更好，这是现代足球比赛的起跑线，只有站在这个起跑线上寻求策略、特点和风格，否则别无出路！"

我们必须改变，改变的根本就是从青少年开始。我想这也正是作者推出这本书的初衷。

2020年9月12日

前　言

在写作之前，我一直在构思这本书的框架，是完成一本操作性比较强的工具书，还是偏向理论的指导书，这个问题一直困扰着我。鉴于目前我国青少年足球（校园足球）发展如此迅猛，一大批年轻教练、教师走上了青少年训练的岗位，他们大多数都不曾有过学习足球专业的经历，部分人虽有过短期的培训，但也很难系统地掌握足球专业训练的知识，他们太需要专业上的指导，否则他们如何去面对数以千万计对足球"求知若渴"的孩子们呢？这种状况在驱使我，写部工具书以作急需之用。然而，自我从事多年足球教练员培训讲师的工作中了解到，在为数不少的青少年足球教练当中，尽管这批人有过足球专业学习经历，但他们当中还有不少人仍固守着传统、落后的训练思想。多年的经验及教训告诉我，如果"为了训练而训练"，不了解足球运动的本质，不读懂训练的原理，不学习世界足球发展的先进理念，不反思中国足球长期落后的原因，终究会是重复地走在老路上，其结果也必然导致重复性的失败！

思前想后，一个清晰的定位在脑子里形成，这本书应该以理念为先导，用先进的理念指导训练，毕竟原理比方法更为重要。我也深知，颠覆传统并不那么容易。但无论怎样艰难，使命告诉我，传播足球训练的先进思想是我的责任！

我接触过不少的外籍足球专家和学者，与他们交流每每都让我反思我们对足球的看法。记忆最深的是20世纪90年代后期，当时我在云南海埂训练基地负责中国足协主办的冬训工作，与时任中国国家队主教练霍顿先生和他的助手基斯布伦特先生有过多次的接触与交流。交谈中，霍顿直言不讳地说，"Chinese football player don't know how to play in a real match"（中国球员不懂比赛），这一句话让我思考了好多年。有一次我在场边观看他的训练，他在指导防守球员如何面对进攻队员时，反复地纠正防守队员与进攻队员所处的距离，当时显然中国球员并没有太在意距离的远近，连我都觉得远一点、近一点有那么重要吗，但他还是不厌其烦地反复讲解并亲自示范，对距离要求的严格几乎可以用尺来丈量。直至2000年初与荷兰国际足联讲师阿温特及后来与德国国际足联讲师克理特的不断交流中才逐渐地悟出了那句话的道理，他们不断地强调比赛中"四个重要时刻"理论，原来足球先进国家早已总结出比赛中的每一个时刻该做什么、不该做什么，这无疑给教练员、运动员指明了比赛中的行为取向。"四个重要时刻"理论在国际上早已取代了早年的"进攻和防守原则"，而我们当时还全然没有成体系的理论认知。此时想起霍顿的所说所为，才感受到那一句话蕴含的信息价值，懂与不懂也许就在"距离"之间！其实，仔细地品读"四个重要时刻"理论，一场比赛中的行为过程已经清晰地被剖析在眼前。我甚至能从"四个重要时刻"理论感悟到其中的文化含义，那种转换时刻反击进攻的排山倒海、水银泻地的磅礴气势，控球时刻的轻重缓急、抑扬顿挫、寸土必争、暗藏杀机的画面。

更可笑的是，时隔近十年后我在某地区担任教练员竞聘的考官，考核中出了这样一道题：比赛中有哪几个重要时刻？竟然有教练员回答"开场时、中场休息时、比赛结束时"。

与其说可笑，不如说可悲！几十年来霍顿的话一次又一次被证实。之后相继而来的外籍专家、教练几乎都在重复一句话，"中国球员不会比赛"。

近几年来，我国与国外同年龄孩子的比赛都会以大比分落后。让人不可理解的是，同样是在五六岁起步学习足球的小孩，而且据了解，我国青少年训练的时长远远超过了国外，几年后我们与之的差距怎么会这么大呢？寻求这一问题答案的责任就留给教练员吧。

在探究足球训练工作时一定会触及那个终极的哲学定式，"练什么？怎样练？为什么要这样练？"这也是编著本书的总体思路。书中关于"青少年身体训练""青少年守门员训练"这两个专题的阐述较为简单，因其不是本书的重点，因此在本书中仅作为提示内容使用。

本书旨在解读足球运动的先进理念，传达足球先进国家在青少年足球运动员培养上的思维及成功的经验，理顺训练工作中的逻辑关系。希望正在从事青少年训练工作的教练员、校园足球的教师能从中有所收获。

2020年2月

目　录

理念篇

一、对足球哲学的思考是一切执教行动的开始……………………（ 2 ）
二、让足球成为教育的载体……………………………………（ 3 ）
三、对技术的认知………………………………………………（ 4 ）
四、足球"比赛强度"的新诠释…………………………………（ 5 ）
五、"肌肉是大脑的奴隶"………………………………………（ 7 ）
六、现代足球比赛的时代特征…………………………………（ 8 ）
七、比赛中有一种"无奈"是哲理………………………………（ 12 ）
八、不同风格的博弈……………………………………………（ 14 ）
九、比赛中的"四个重要时刻"理论……………………………（ 16 ）
十、足球比赛的基本观点………………………………………（ 18 ）

训练篇

一、5～12岁青少年训练的年龄划分及要求……………………（ 20 ）
　（一）阶段1　启蒙期阶段（5～7岁）………………………（ 20 ）
　（二）阶段2　学习前期阶段（8～10岁）……………………（ 22 ）
　（三）阶段3　学习黄金期阶段（11～12岁）…………………（ 23 ）

二、简化比赛，从小场地训练和比赛起步是青少年学习足球的

　　最佳选择……………………………………………………………（26）

　　（一）小场地比赛及训练所呈现的特点（以5人制场地为例）………（27）

　　（二）小场地培养攻略……………………………………………（27）

三、足球训练的教学逻辑思考……………………………………（32）

　　（一）训练依据……………………………………………………（32）

　　（二）训练目标……………………………………………………（32）

　　（三）练习方法……………………………………………………（33）

　　（四）教学安排原则………………………………………………（35）

　　（五）有效指导……………………………………………………（37）

　　（六）关于足球训练中运动负荷的把控…………………………（37）

四、足球训练课类别、流程及安排…………………………………（39）

　　（一）足球训练课类别……………………………………………（39）

　　（二）阶段划分……………………………………………………（41）

　　（三）各阶段任务…………………………………………………（41）

　　（四）课中各阶段内容及时间占比………………………………（44）

　　（五）训练课运动负荷分配………………………………………（45）

五、现代足球训练的戒律……………………………………………（46）

　　（一）反对静态无变化的简单机械式训练………………………（46）

　　（二）提倡设置限制性条件的针对性训练………………………（46）

　　（三）不赞同以教练员命令为中心的低效训练…………………（46）

　　（四）打破为训练而训练的教案式训练…………………………（47）

六、一堂训练课模型…………………………………………………（48）

　　（一）训练课计划…………………………………………………（48）

　　（二）模型解析……………………………………………………（51）

七、青少年足球身体训练（提示）……………………………………（54）
  （一）观点……………………………………………………………（54）
  （二）训练设计………………………………………………………（54）

八、关于青少年足球守门员训练（提示）……………………………（56）
  （一）选材……………………………………………………………（56）
  （二）基础培养………………………………………………………（56）

九、现代足球对教练员的时代要求……………………………………（59）
  （一）教练员对球队的贡献…………………………………………（59）
  （二）多种角色集于一身……………………………………………（59）
  （三）"公共代理"——处理各种关系………………………………（60）
  （四）具备多学科知识………………………………………………（60）
  （五）不断进取………………………………………………………（61）
  （六）成功教练员的性格模型………………………………………（61）

十、训练方法示例………………………………………………………（62）
  （一）游戏类…………………………………………………………（63）
  （二）综合类…………………………………………………………（80）

理念篇

　　我们惊奇地发现世界上足球发展先进的国家，虽然国度不同、文化不同、语言不同、宗教信仰不同……但对现代足球的诠释却是惊人的趋同，似乎都是被一种"思想"同化了。当这些"思想"逐步影响我们的时候，我们会强烈地感受到"思想"在不断地颠覆我们对足球的传统认识。由此人们把这种先进的足球思想称为"理念"。

　　在一段时间里，人们谈起足球言必"理念"，但对"理念"深刻的内涵和外延我们还缺乏足够的思考。"理念"一词在《辞海》中解释为"思想、看法、思维活动"，并与"观念"相关联。上升到理性高度的观念，叫"理念"。

　　"足球理念"是一百多年来足球发展规律的总结，也是对未来足球发展趋势的追求。理念有着强烈的时代感，历史的发展在不断地给足球注入新的思想，引领着世界足球走向越来越高的水平。

　　"理念"并不深奥，也并非遥不可及，其实在从事足球活动的实践中，我们随时可以触摸到它，它也一定会与传统落后的观念不断地发生碰撞，就看我们是否感觉得到！

世界足球正在走向同质化，中国足球尚在化外，中国足球虽有进步，但仍未进入理性认知层面。

——前国家队教练：谷明昌

一、对足球哲学的思考是一切执教行动的开始

　　Football Coaching Philosophy——足球执教哲学，很早就传播在国际足球理论界，并已成为近年来足球理论中的高频词汇，其含义是指足球教练员执教的价值观、指导原则和信念，它决定了你为什么要做你所做的事，以及你在你的教练角色中如何表现，它仿佛是教练员从事执教工作的一份蓝图，帮助构建自己的执教系统框架。

　　站在哲学的高度和视角去解析具象的足球训练和比赛，可以将足球理解得更清晰与透彻。我们能从中领悟到世界足球先进国家的先进之处，也能透彻地感受到我们训练中的落后与乱象。作为一名青训教练员，建立了自己的执教哲学后，就应如同信仰一般的神圣和严肃，当现实与信仰发生冲突时，则会自觉地捍卫它。比如，我们非常强调培养孩子的思维决策能力，当他们在比赛中出现失误时，你会在场边大呼小叫，让孩子们任由你摆布吗？在比赛面前，你是考虑未来长远发展还是注重比赛结果导向？在训练中你会采用大量脱离比赛场景的训练吗……

　　类似这样的例子在现实中还会经常遇到，只要教练员有明确的执教哲学，在思考过后，都会让你回归到正确的轨道上来。"知行合一"就是对"足球执教哲学"构建最直接的表达。

二、让足球成为教育的载体

　　发展青少年足球运动的意义远远超出了足球本身，这其中包含了更宽泛的责任。青少年足球对于一些人来说是他们进入更高水平足球的实践活动，而对多数孩子来说，则是让他们发现足球的魅力，享受足球的快乐。除了强身健体以外，足球活动承载了更多的教育属性，如对胜利的追求、对失败的反思、坚持不懈的作风、团结协作的精神以及对规则的遵守、对他人的尊重等等。这些品质的养成，是让人受益终身的。以足球活动为载体，充分发挥足球的社会功能、教育功能，实践其"享受乐趣，增强体质，健全人格，锤炼意志"的积极意义，从而达到培养爱国主义、集体主义、顽强拼搏的精神，最后推动全社会实现"让积极向上的足球文化成为实现中国梦的正能量"。这就是发展青少年足球的核心理念。足球教育也是人生教育。

> 足球是一所关于人生的学校。
> ——布拉特

三、对技术的认知

所谓足球技术，是指在比赛中为了完成比赛目标，以身体的合理部位有目的控制球的手段。显然，除非与比赛目的相联系，否则任何描述都是无意义的。因此技术应有两层含义，其一是指某一动作，这一动作是"机械的，独立的，可以脱离比赛单独存在"（亚足联C级教程）；其二是动作运用的目的。而后者更为重要，它突显了"动作"对比赛的贡献意义。运动员在比赛中完成某一动作行为时，通常面临复杂的局面，如与对手的距离、空间的大小、队友的位置、身体能力、心理能力以及战术打法的需要等。所以技术不应是静态的，而是动态的，且应是综合能力的体现。

长期以来，我国青少年足球训练习惯花费大量的时间进行脱离比赛环境的动作练习，这样的现象在我们国家持续了几十年，目前还未见彻底改观。这种练习造成了训练与比赛严重脱节的现象，以至于平时所练的技术在比赛中毫无用处，这也是许多外籍专家来华时作出"中国运动员不会比赛的评价"的原因。更严重的是，由此产生的不良后果会影响到青少年今后在职业道路上的成长。

> 技术仅仅是完成比赛的工具。

四、足球"比赛强度"的新诠释

在美国NBA篮球比赛中我们经常能听到"防守强度"的提法，在网球比赛中也常常听到"受迫性失误"的术语。由此，也引起了我们对足球比赛"比赛强度"的思考，在足球比赛中哪些是"受迫性失误"，它能给我们带来何种启示？

2014年巴西世界杯之后，时任FIFA主席的布拉特曾经指出：本届世界杯的"比赛强度"吸引了全球数十亿球迷的眼球。这是"比赛强度"这一极其重要的概念首次被权威地发布出来，并引起了世界足坛的关注。

这里所指的比赛强度并不是指运动员奔跑或运动的强度，而是指比赛中球员之间身体接触与对抗的强度。这似乎是一个信号，已向我们发出了警示，特别是在当今的比赛中裁判员对待运动员之间的身体接触"大尺度"的判罚，表明了在比赛中的拼抢和争夺将会愈来愈激烈。

以往我们对这一问题没有引起足够的重视，以至于我国球员在国际比赛中难以适应。可能是因为这个问题比较复杂而难以表述，所以迄今为止国内外极少有教科书或专著提及这一问题。

我们应该了解，足球是一项允许一定程度的身体接触与冲撞的运动，这是足球运动项目的特性，也是人们喜爱和崇尚足球运动的魅力所在，它向人们展示了精神与力量之美，何况它对比赛有着重要影响，因为以顽强的精神与力量在比赛中赢得优势也是足球比赛的一部分。这是足球文化的需要，也是足球文化赋予了比赛强度的必然。然而比赛强度并不只是精神问题，要知道在比赛中"勇敢顽强"越过了临界点，很可能就成为规则不允许的鲁莽行为而遭到裁判员的判罚，一种行为的意愿可能会导致两种绝然不同的比赛效果。所以比赛强度应该是精神和方法的结合体，它其中蕴含着极其重要的比赛的认知问题，它应与比赛中其他所要具备的能力同等重要！否则我们很难面对国际赛场。

比赛强度是我们设计和安排训练的重要依据。在平时的训练中，不仅要鼓励孩子们的攻击性和侵略性，还要教会他们如何正确地进行身体接触与对抗，让他们自觉地适应和习惯比赛强度氛围。

国际足联资料表明，在90分钟比赛中，个人对抗次数平均高达30~50次，在这些对抗环境中，我们的球员都能以正确的态度和合理的方法去应对，可想而知，正确的态度和合理的方法将对比赛产生重要的影响。

除此之外，我国的裁判员对规则的理解与判罚也应该具备国际视野，在国内比赛的判罚尺度上应与国际比赛强度接轨。

> 与国际接轨，才能走进世界足球大家庭。

五、"肌肉是大脑的奴隶"

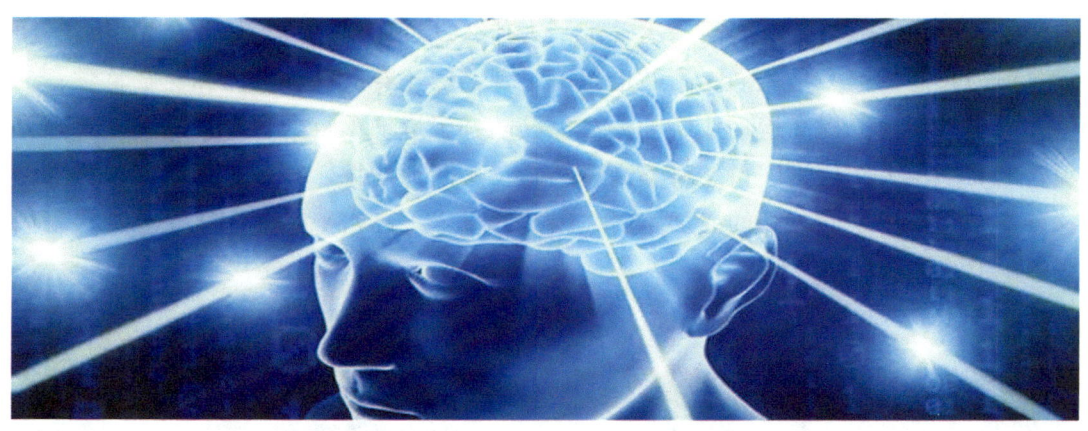

　　足球需要智慧。足球智慧是指运动员在比赛中，面对各种复杂的局面能够快速思维，在瞬间能作出精准的判断。这是一种能力，我们常常称之为"对比赛的阅读能力"。具有这种能力的运动员在比赛中的表现一定是更趋合理、巧妙和精准的，这是足球最需要的品质。对于运动员来说，这种能力不是与生俱来的，它需要训练和引导，因此这对训练工作而言尤为重要。

　　足球比赛中以"球员为主导"的特性告诉我们，足球运动员在90分钟的比赛中需要自己观察、自己选择、自己决定。而我国长时间以来在青少年训练中"填鸭式""灌输式""命令式"的训练方法无处不在，教练员在训练比赛中过多地替代了孩子们的思维，忽视了对他们的自我主导能力的培养。

　　脚和肌肉只能完成动作，它是不会学习和思维的，只有大脑才能学习和思维。现代青少年足球训练倡导的是问题求解的训练思路，积极采取启发式、探究式的训练方式。这也是足球发展先进国家在青少年训练中一直将思维养成伴随着训练全过程的原因，授人以鱼，不如授人以渔。

> 永远不要替代孩子们的思维。

六、现代足球比赛的时代特征

当我们在探究当今世界足球运动水平为什么发展如此之快、如此之高时，有两点是值得注意的：一是人们在不断地研究发现足球比赛的制胜规律和比赛哲学；二是在当今的年代，提高运动成绩的方法早已超越了运动项目的本身，越来越注重将项目的特点与人体科学、自然科学高度结合，不断地发掘、挑战人的潜能与极限。这就是当今世界足球强国的发展路径。因此，世界上高水平足球比赛才会带给我们强烈的时代感。

快速

"快速"是现代足球比赛的典型特征，也是运动向高水平发展的必然走势。

"快速"不仅体现在比赛中的跑动、思维决策、对球支配的技术动作等，在战术层面上则体现在面临每个比赛局面时（控制球时、失去控球时、攻守转换时）的行为取向。早在20世纪70年代就出现了10秒进攻理论，20世纪90年代后期德国人创造了6秒防守原则。之后，瓜迪奥拉又提出了4秒的防守法则。这种"时间上的赛跑"已让我们强烈地感受到速度在比赛中的重要作用。现代高水平足球比赛的节奏越来越快，可以说"快"与"慢"也是衡量一支球队水平高与低的重要标志。"快速被称为现代足球比赛的主导要素。"（FIFA）

值得注意的是，"快"是需要消耗和付出代价的。当今"快"的特征就像汽车的发动机，发动机的功率加大必然会促使相关"性能"的相应发展，比如伴随"快速"所需的体能、思维和比赛方法。为了向更高水平攀登，这些相关因素也一定会构筑相应的平台给予支持。

不难判断，未来世界足球比赛的高水平走向必然是更加快速和给予快速支撑的技能、体能与思维的同步提高。

> 快速进攻的成效在于对手形成密集防守阵型之前如何找到正确的突破方式。
>
> ——AC米兰：阿莱格里

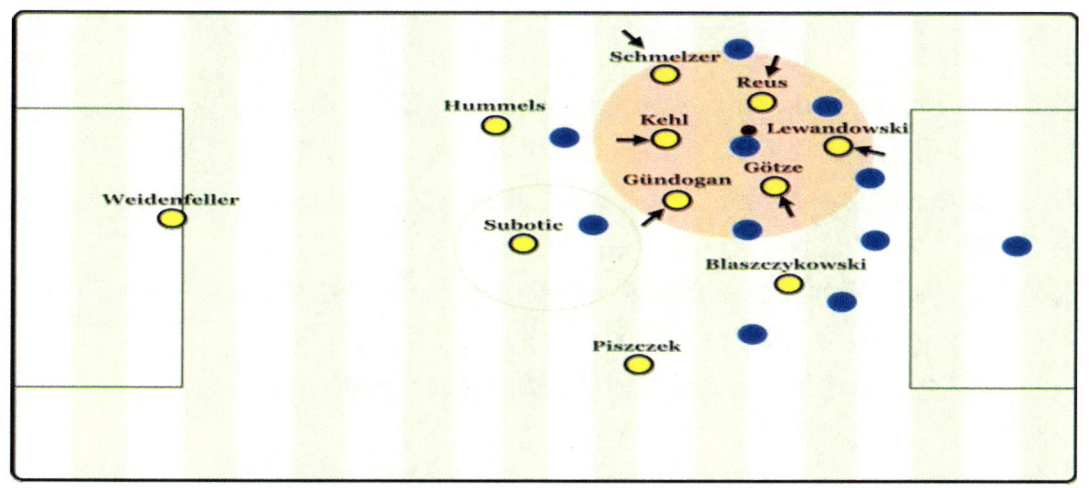

压迫

"压迫"是当今足球比赛的又一典型特征,"压迫"是指向对手施以压力。足球比赛实质上是比赛双方对时间与空间的争夺。由于向对手挤压空间,迫使对手失掉控球权,从而使本方获得控球权后实施快速反击进攻。这是当今比赛中常见的打法。这也是近些年来出现的"三·四"理论,即三条线(前锋、前卫、后卫)必须压缩40米的空间,每条线保持15~20米的呼应距离。甚至有些球队已尝试出现了"高位压迫"的打法。这种比赛战术称作压迫式打法。压迫式打法是20世纪90年代后期由英国教练霍顿(当时中国国家队教练)较为系统地传入我国。遗憾的是,由于种种原因,国内大部分球队都没有理解和践行。

近几年,我国的中超联赛中能采用这种打法的球队或场次已不罕见了,尽管做得还不够完美。这与外教在理念上输入有着重要关系。

当年我国球队没能践行压迫式打法的原因主要基于体能与风险。对体能的担忧应该说不无道理,采用压迫式打法的确要付出超强的体能,原因在于这种打法必然出现高频率队形移动的进退、长距离的反击及对持球者施压的追击过程。体能付出的多少,本身并无意义,意义在于体能的付出所换取的价值。这种打法之所以能成为足球强国普遍的战术理念是因为:它能主动地控制比赛,迫使对手出现更多的失误,获取更多的反击机会,在心理上占据更大优势。如此看来,"体能忧虑说"实际上是伪理论,体能的本质特性是适应性,不是因为体能的不足影响了比赛水平,而是低水平的比赛导致了体能的低标准,战术打法的落后制约了体能的发展。那种本末倒置的认识在甲A年代,"万米跑""体能测试"等做法就已经得到了深刻的教训!另外,据阿米斯果统计公司提供的数据,近些年在中超比赛中,运动员在90

分钟内的跑动距离有些已在9000~12000米范围内，这已经达到国际标准，表明体能已不是迈向高水平的障碍了。

至于风险，我们要辩证地审视它，引用一句商业界的俗语，"高风险带来高效益"。在足球比赛中，任何一种战术打法都会有它的弊端，而任何的弊端和风险都一定能寻求到解决和规避的应对办法，除非它是不可抗拒的，问题是在这种"代价"与"代赏"的权衡中我们应该如何选择。

现在足球比赛的特征和发展态势提示我们，压迫式打法代表着先进的战术思想，现在已成了足球强国在比赛中战术运用的标签。我们在"先进"面前绝不能消极应对、固守传统，要紧紧跟随时代步伐。更值得提醒的是，既然是"先进"，你的对手同样也会去做，日本做到了，韩国做到了……如果不能以压制压，"以其人之道，还治其人之身"，比对手做得更好，则永远会处于被动局面。"压迫"并不是强队的专利，只有敢于压迫，才能成为比赛的强者。

> 紧紧把握住现代足球发展的脉搏。

七、比赛中有一种"无奈"是哲理

　　足球比赛中,最无奈的时刻是在比分落后时,奋力追赶,向对手发动着一次又一次的进攻,真可谓"惜时如金",只为了在有限的时间内挽回败局。在这最后的搏杀中让人们感受到"惨烈"和"悲壮",并为之赞扬,这是因为它彰显的是至高的体育精神。

　　我们可以把这种方式看作一种比分落后时的策略。这种策略反败为胜的概率有多大我们暂且不作考证,但值得关注的是,但凡这种时刻,球员们表现得思想统一、目标明确、行动坚决,都是尽快将球踢向距离对方球门最近的地点,淋漓尽致地表现了现代足球理念的精髓,让对手也倍感压力。

　　赞扬之余,也伴随了疑问和不解,"与其这样,为何不从比赛起始就这样做?"或许这是一个伪命题,因为从理论上讲,比赛应该自始至终遵循这样的理念,但传统观念认为,在比赛中,由于受到体能、对手、比分状况、风险、攻难守易的规律等诸多复杂的因素影响,球员难以做到,或者说这只是理论上的愿景。在这种认识中,我们更愿意相信这仅仅是球员的能力问题,是能力问题就有提高的空间。如果是因为比分落后才不得已而为之,这倒使人产生了许多的思考。

　　我们不妨运用推导法追问:如果不受比分的困扰;如果在比赛中有更多时间能坚持这样的方式;如果体能能提供更大的支持;如果能排除或能化解一切由于采用这种方式给自身带来的风险,那将是怎样的比赛效果呢?这种比赛画面无需描绘,2016年提前夺取英超冠军的莱斯特城,如今的拜仁、利物浦或更多世界高水平球队都已给予了完美的答案,在他们脚下,"理论"在实践中得到了可行的印证,难以做到不等于做不到。他们都在比赛中共同谱写着:球向前、人向前、队形向前的进攻乐章,并以他们的成功诠释了现代足球的时代音符。

其实在世界足球发展的进程中，足球从未放弃对"向前"的追求，早在19世纪中叶，现代足球诞生之初的9锋1卫的阵型，到20世纪60年代英格兰队以四前锋式夺取第八届世界杯冠军，1974年第十届世界杯由荷兰、波兰、德国等又刮起的"全攻全守"的战术风暴，20世纪90年代冠以"冲吊打法"标签的英超联赛，以及当今的"压迫式"打法，都无一不显示着"向前"这一要素在比赛中的作用和地位，它是足球的DNA，这是足球比赛的本质所决定的。

足球比赛中的"无奈"时刻是一种现象，但现象所折射出的道理却值得我们思考。

德国足协《竞训指导总纲——进攻准则》中有这么一段表述："进攻时"，在对手半场尽可能地拉开距离，充分地利用场地的深度；但与此同时，最节约地有效利用场地的宽度。"这是我们首次见到足球文献中将进攻时刻对深度和宽度作出选择上的排序。这段经典的表述向我们更坚定地传达了现代足球比赛中"向前"是硬道理，是比赛中进攻行为的首选！

> 距离对方球门最近的地方，永远是进攻的目标。

八、不同风格的博弈

在现代足球比赛中，存在许多打法流派，最具代表性的是以传控球见长的控制型打法与简单直接有效的冲击性打法，这两种打法多年来一直引起众多的关注和讨论。最典型的代表是西班牙的巴萨，英国的切尔西、利物浦，意大利的国际米兰和英国的莱斯特城。人们关注的焦点是到底哪一种打法最见长，最能引领当今或者未来足球发展的走向？

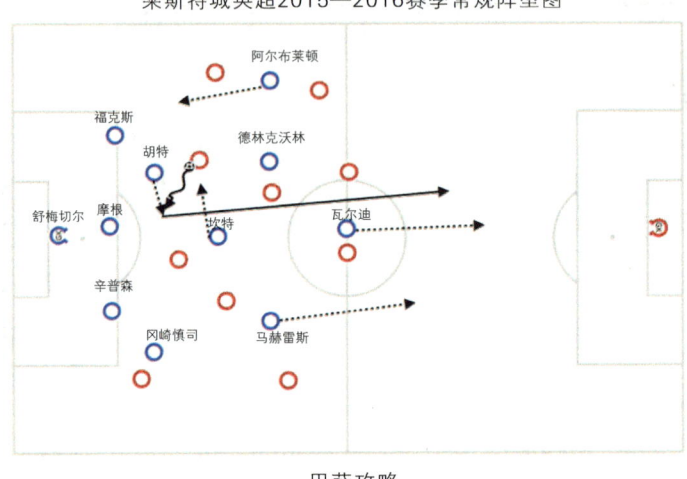

莱斯特城英超2015—2016赛季常规阵型图

巴萨攻略

在历届欧冠比赛中，巴萨多次夺得冠军，场均传球600~700次，近十几年来被称为巴萨现象，然而当巴萨在比赛中败给对手时，对手的传球却仅在400次左右，控球率之比约为65%∶35%。由此，前欧足联技术部主任安迪给出了评价："绝对的控球不是成功的保证。"

历史资料表明，2008/09赛季，巴萨夺冠，控球率为63%，场均传球700次。2009/10赛季，国际米兰夺冠，控球率在决赛中仅为30%，场均传球次数不足400次。2010/11赛季，巴萨再度夺冠，控球率为68%，场均传球791次。2011/11赛季，切尔西夺冠，控球率为47%，场均传球509次。由此瓜迪奥拉认为："世界顶级比赛是积极控球和崇尚直接反击足球哲学之间的两极决斗。"

如何评价这种现象，这对我们认识比赛的哲学意义是至关重要的，盲目效仿和跟随都不利于我们自身的发展。

有人认为梅西、苏亚雷斯、内马尔……这些技术精湛的南美球员成就了巴萨，但这种说法被大多数人质疑，理由是：那为什么在世界杯比赛中，南美球队难有作为？最有说服力的解释是因为欧洲人的比赛理念使这些技术出色的球员发挥了更夺人的光彩。站在不同的角度，都会有着不同的评价，我们不妨将这些观点都看成一种假说。

原欧足联技术部主任安迪曾有一段经典的评价："尽管巴萨在防守三区获得球时偏爱耐心地组织进攻，但其在前场通过施压，并以闪电般的快速反应再次获得球权进而转化成即刻得分的机会。"在这段评价中我们能获得的重要信息是，欧洲人不论哪种流派在比赛中都注重快速和施压的先进比赛理念，这才是比赛中的核心价值，也是两大流派都能取得成功的理念支柱。

传、控球是足球比赛中运动员表现最为常见的行为，它是一种足球运动员必须具备的能力，这种能力必须紧紧为比赛的目标做出贡献才能体现它的价值。因为"控制球"只是手段，永远不能成为比赛的终极目标。我们能不能这样认为，世界高水平球队所呈现的不同流派，除传达了不同的文化信息外，在现代足球发展理念框架下，由于球员的个人特点、人员的组合以及比赛的具体情况，形成了不同的风格，这些风格都可以并存，也可以同时占领世界足球的制高点，这也体现了足球的包容性。对于我们而言，由表及里，透过表相寻求本质，这是我们需要的。

> 足球充满了辩证法。

九、比赛中的"四个重要时刻"理论

　　足球比赛中"四个重要时刻"理论（足球比赛典型局面）是现代足球比赛理论的基石，是我们阅读和分析比赛应遵循的基本依据，也是指导训练的重要路径，在现代足球发展中，"四个重要时刻"理论已经取代了传统的"攻守原则"。在比赛中，球员应知道面临某个局面时应该怎样做才是最佳选择，即学会比赛。

本方控球时（是指对方已经组织好防守体系的情况下，本方控制球权时）：
- 保持球权。
- 尽可能地创造空间、宽度、深度。
- 向前推进，尽可能将球向前传。
- 全队保持好进攻队形，随时准备二次进攻。

由攻转守时（失掉球权的瞬间）：
- 靠近球的队员应该即刻对球施压，努力阻止对方向前传，迫使对方横传或回传，延缓对方进攻速度。
- 其余队员迅速组织好防守队形，特别应封堵对手向前或向内线的移动。
- 封堵对手射门，使对手无法构成对本方球门的威胁。

对方控球时（是指本方已经组织好防守体系，对方控制球权时）：
- 保持好防守队形。
- 根据对手实力，尽可能压缩空间。
- 向球移动（压迫）。
- 向本方球门移动（回撤）。
- 向边线挤压、迫使对方远离本方球门。
- 破坏对方的进攻。
- 夺回球权。

由守转攻时(夺回球权的瞬间）：
- 首先寻求向前传的机会，应尽快将球传向最有威胁的地点（靠近对方球门），"传给身边同伴的球是最后的选择"（亚足联）。
- 前方队员应及时跑位接应，跑向最有利的进攻位置。
- 此刻的原则是"充分地利用场地的深度，节约地利用场地的宽度"（德国足协），实施快速反击。

我们绝对不要将比赛中"四个重要时刻"理论仅仅纳入方法论，比赛中"四个重要时刻"理论向我们展示了足球比赛的逻辑，也使我们更加深刻地领略到足球比赛的规律和足球比赛的制胜规律！

> 让孩子不仅要学会踢球，更重要的是学会比赛。

十、足球比赛的基本观点

"基本观点"是足球通向高水平的重要路径，是运动员在比赛中的行为总则，是指导足球训练的客观依据。

- 速度是现代足球的灵魂。队员在比赛中的任何行为都应具有快速的意识。
- 在比赛中，向前看、向前传、向前带球、向前控制球永远是值得鼓励的选择。
- 对球的争夺是比赛双方争夺的焦点，不要轻易失去控球权，无球时尽快夺回控球权。
- 无论在哪个区域，获得控球权后尽快将球传向最有威胁的地点应是传球的首选。
- 时刻关注对手的身后，那是进攻者最有利可图的区域。
- 控制球不是目的，它唯一的任务是服务于比赛目标，绝不要"为控制而控制"。
- 每次进攻都应力求达到以射门为终结。
- 队形是全队的纽带，压紧、跟随、同进退。
- 高效把握在攻、防转换时出现的反击良机，同样高度警惕在转换时刻对方施以的反击危机。
- 无球队员时刻准备以移动和跑位为同伴提供有力支援，要用预判替代观望和等待，自始至终不要脱离比赛。
- 任何时候，敢于接受一对一的挑战。
- 进攻提倡创造性，防守讲究严谨，绝不尝试冒险，安全是防守的第一原则。
- 时刻具有危机感，保持头脑清醒，不要犯愚蠢的错误而给对方提供机会。

> 原则是纲，纲举目张。

训 练 篇

  训练的意义在于改变，这种改变可能在一次一次的训练中悄然发生，直至这种积累发生了质的飞跃。所以训练是一种重复积累过程的享受！

  训练是讲究效率的，训练的质量永远不应该被训练的数量所取代！

  训练也是一项系统工程，它需要遵循原则、符合逻辑、依从规律、尊重科学。它不是一项简单、机械的操作。

  训练也是教育的过程，特别是针对青少年，它需要融入多种学科知识，如生理学、心理学、教育学、方法论等，它还需要体现除专业以外更多的社会责任感！

一、5～12岁青少年训练的年龄划分及要求

根据足球先进国家所形成的共识，将5～12岁孩子的足球学习之路划分为三个阶段，分别为5～7岁启蒙期、8～10岁学习前期和11～12岁学习黄金期。

（一）阶段1　启蒙期阶段（5～7岁）

1. 在这个阶段，兴趣无疑是第一位的。足球训练应该是有趣的，而且要注重基本的身体运动能力的培养。由于这个年龄段孩子的注意力持续时间很低，有大量的精力到处跑动，很快就会疲劳，无法长时里保持注意力来完成任务，所以一个最长45～60分钟的训练内容就足够了。而且在练习时要注意短时多次的休息调整。

2. 孩子们应该被允许有足够的时间去熟悉足球——球的轻重、大小、弹性，以及它是如何移动、旋转和反弹的，所以在一个环节中需要尽可能多地触球。这个年龄组的足球训练需要将焦点集中在熟悉球和熟悉比赛游戏的规则上。因此，无论是练习运球、传球、射门，或是其他任何技术都应避免长时间的排队和等待。

3. 孩子们需要学习基本身体移动方式和运动技能，这样才能使他们在长大后能有效地踢足球。现代生活中，游戏机、电视和互联网占据了孩子们的大量时间，孩子们不再像原来一样可以通过爬树、摔跤、玩跳房子等游戏来发展和提高基本身体运动属性，以至于他们在日常生活中不那么活跃。因此，教练需要练习帮助球员发展敏捷性、平衡性、协调性和速度，使之成为有基础运动能力的人。诸如跑步、跳跃、着陆、摔倒、翻滚等，这些练习都能帮助球员们提升身体运动素质，这些运动技能越好、越有能力的球员们将会在以后更熟练更轻易地掌握足球专项技能。由于足球比赛活动状况多变，因此应让小球员们从事多方向运动，而不仅仅是在直线上执行。多采用有趣的足球游戏，将敏捷性、平衡性、协调性蕴含其中。

4. 这个年龄的球员都是以自我为中心的，这确实很适合一人一球的练习。然而，这种自我中心也意味着这个年龄段的孩子们还没有团队合作的概念。我们很难去期待在这个年龄段里出现大量的团队合作和团队精神，团队的概念可以被引用和介绍，但绝不是重点，对于他们探索比赛的热情，主要应放在1v1或2v2上。因为这个年龄段的孩子还很难理解团队的概念。孩子们踢足球，或者参加别的运动项目的主要动机之一就是和他们的朋友们开心地去玩。训练和比赛环境帮助他们建立关系，所以教练和家长必须确保他们在一个有趣、安全的环境中玩耍。正如足球先进国家在他们的青少年足球培养计划中所表现的那样："帮助年轻人爱上足球。"

5. 这个阶段的足球教学应该是有趣的、吸引人的，能让球员理解足球是一项进攻性的游戏。每一名球员在训练时间内都是应该参与其中的，而不是被要求坐在外面，或者等待轮到他们。孩子们喜欢用他们的想象力去探索新事物——命名那些充满想象力的游戏来捕捉他们与生俱来的创造力。例如：将运球变向为主题的训练命名为"哈利波特的魔法球"或是"奥特曼的激光炮"等。由于小球员在一段时间内很难专注于一件事，所以要在训练中不断地改变和进阶，为孩子们提供不同的挑战来改善这种状态。不要因为他们的走神而感到沮丧，一定要接受这是这个年龄段一种正常的性格特征！

6. 一个五岁或六岁的孩子不会有理解因果关系的能力，他们的记忆是短期的。他们会记住一个练习或训练内容，因为它是有趣和吸引人的，而不是因为那些技术细节。

（二）阶段2 学习前期阶段（8～10岁）

1. 在这个阶段，年轻球员可以开始更多地了解比赛本身，并逐步开始他们的系统训练之旅。现在的训练时间可能会变长，但最佳的训练时间大约是70～80分钟。

2. 这里的主要关注点仍应该是"熟悉球"的练习，训练时每人一球，确保让球员有尽可能多的机会接触球，可以使用五人制低弹球以增加孩子们对球的控制力，来不断提升他们的控球自信心！

我们需要孩子们娴熟地控制来自空中和地面的各种来球，让孩子们明白如果没有有效控制球的能力，其他技术技能的未来发展与提高，如传球、射门、变向等会变得更难获得。

应该鼓励创造性，鼓励运球和个人带球突破，让球员们在1v1场景中变得更加自信和熟练。

3. 有些足球发达国家将这个年龄段称为"技能饥渴期"。球员有一种近乎无限的能力来发展他们的运动感官，以获得大量的新技能。除了无对抗的技术实践，还要大量使用有对抗的比赛教学法，才能使技能获得蓬勃发展。把技术训练投入到比赛情景中，是技能发展的关键。不要限制球员处理球的方式。

4. 在这个年龄段，靠身体来赢得比赛可能是很多教练员的选择。那些身体发育较早的球员会因为力量、个头和奔跑能力而对比赛产生很大的影响，然而，受到比赛结果的短期激励却会对青少年球员的长期发展产生负面影响。

5. 在这个年龄段，球队战术仍然是无关紧要的。但是"个人战术"可以在这一阶段得到提升，换句话说，就是球员的决策，在某种程度上，这种决策一定是围绕着球的。让球员们体验比赛的场景，而不是使用重复的动作操练。

在这个年龄段，球员对于位置的理解仍然是有限的，并且不鼓励他们在场上位置上的专门化。即使作为守门员，也不鼓励套牢在一个位置上。

该年龄段的球员仍然以自我为中心，但已经开始参与小组和团队比赛，教学上可以尝试3v3、4v4的安排，理解合作和团队是很重要的，尽管他们可能还无法将其应用到实践中去。

（三）阶段3　学习黄金期阶段（11～12岁）

1. 这个年龄段的球员正在逐步由4v4、5v5、8v8进入9v9，向11人制足球过渡，这对他们在技术上、战术上、身体上和心理上的发展都会产生影响。但训练内容在很大程度上仍然是关于球员发展，而不是比赛胜利，训练时间可以持续70到90分钟。运动负荷较小的

训练课可延长到120分钟。

2. 在前几个阶段，我们谈到了球员熟悉球的重要性。为了有效地畅通足球技能的发展之路，球员需要能够在青春期前熟练地控制球，而且在这个阶段需要发展球员高效的运动技能。

3. 这个年龄段被认为是"学习的黄金时期"，球员有很强的学习和吸收大量新技能的能力，利用这段时间教给球员比赛的基本原理最为合适。这个年龄段的主要学习目标是学习足球比赛的相关原则。3v3和4v4比赛练习在这个阶段特别有用。许多足球先进国家是4v4的拥护者，因为它是复制"真实"11人制比赛的球员数量最少和最有效的方式。球员们得到了更多接触球的机会，而这些小比赛也使得他们学到了进攻和防守的基本原则，并且常会包括进球或者其他的得分方法，这些都能激发球员的兴趣。

此外，无论是在训练还是在比赛中，在有比赛真实场境的情况下运用技术都是球员们需要考虑的一个重要问题。球员接触、体验和探索过的比赛情景越多，他们就越能在压力下自如地运用技术。

4. 在这一阶段，青春期的开始对球员有很大的影响。球员的身体正在发生变化，身体的发育正快速进行。这些变化影响着灵敏、平衡和协调性，以及产生一些心理影响。球员们可能会暂时失去对身体动作的控制。你可能会发现，一个受过训练的孩子突然不太会踢球了，但是记住这只是暂时的，这是生理发育期的一个过程，每个教练员都应该理解这个过程并持有耐心。而这种影响，女孩比男孩出现的更早，持续时间也可能会更长一些。

在这个年龄段中，身体大小差异会变得非常明显。可能会有一个12岁早期发育的孩子有15岁的体格，或者一个晚期发育的孩子只有10或11岁的体格。个头更大的球员可以控制和赢得比赛，使他们在这个年龄段比赛里成为最有效率的进球功臣，但是，要确保他们不仅仅是依靠体力和力量，在技术上也要发展。不要抛弃个头较小的球员，因为一旦青春期和成长阶段完成，他们就会有技术和体格来应对比赛了。

5. 在战术上，球员将开始学习如何和队友一起训练和比赛，此时可以给其以小组和团队为导向的目标和任务。他们的表现可能关系到球场上的其他人，球员们会开始了解他们行为的原因和影响。他们将能够把自己的角色与一两个队友和对手的角色联系起来。继续让球员尝试不同的位置，尽管有些球员可能会倾向于某个特定的位置，并且肯定会表现出进攻或防守的特殊本领。守门员可以变得更加专业和位置职责定位。

6. 教练可以开始教球员不同的阵型，这意味着在比赛中可以灵活运用不同的阵型。球员也可以在定位球比赛中发展自己的角色和个人责任。过早的战术训练可能会帮助你赢得比赛，但对球员长期发展并无帮助。球员需要理解和体验足球比赛的流畅性。因此，尽管战术训练越来越重要，但技能发展仍然是排在首位的。

7. 虽然球员们的注意力集中能力越来越高，但他们仍然更喜欢从实践中获益而不是从倾听中获益。集体会议需要简明扼要，让球员体验比赛并从中学习。让他们参加比赛，最好给所有的球员平等的上场时间，鼓励犯错，并能从错误中收获经验。

8. 随着青春期的开始，小升初的压力也会影响球员的精神状态。这种影响可能意味着一种形式的丧失，以及随之而来的自信心的丧失。在这个年龄段，教练员要与球员保持紧密联系，让他们意识到变化正在发生，需要调整自己适应新的身体、新的学段，确保父母也理解这一点。坚持与球员们一起——他们需要你的帮助和积极性来保持他们的信心不变。

> 要建立球员的长期发展规划，将球员的发展置于未来的位置。球员发展第一，赢得比赛第二，摒弃短期的比赛结果导向。
>
> ——RAINEY.MATIN

二、简化比赛，从小场地训练和比赛起步是青少年学习足球的最佳选择

　　小场地训练和比赛既可以帮助所有青训对象，也能在职业球员的专项技能提高上给予帮助。在青少年阶段，小场地可以服务到的对象包括广大在学校上足球课的孩子们、参加课后训练的基础学员、入选各级代表队的精英学员，以及憧憬走上职业足球道路的顶级青少年球员。

　　对小场地训练和小型比赛的重视源于南美的"街头足球"，它充分地表现了足球最重要的元素——自由地发挥。这一观念早已被足球发达国家特别是欧洲崇尚为青少年足球的必由之路。现在世界上当红的球星如梅西、C罗、伊涅斯塔等都是从"小场地"走向"11人制"大舞台的。目前，我国足球已和亚足联、国际足联接轨，青少年13岁以后才出现11人比赛赛制。所以"小场地"训练和比赛是5～12岁孩子学习足球的最佳选择。

（一）小场地比赛及训练所呈现的特点（以5人制场地为例）

1. 重复——小场地球员触球次数多于11人制足球6倍以上。促使运动技能动力定型。
2. 压力——比赛的胜负皆源于对时间与空间的占领。狭小空间的处理球的能力，强化了现代足球的"时、空"概念。
3. 思维——进攻与防守两种局面的来回切换，不断地出现攻守转换的局面，一次一次地考验自己如何选择。
4. 动力——多次出现射门得分的场境，小场地出现射门的概率高于大场地10倍，这是孩子们最钟爱和享受的比赛过程和结果。
5. 危机——时刻保持对对手的警惕，任何一次失误都可能造成失球。
6. 参与——没有人脱离比赛，可设置没有越位限制，使跑动、接应更多元化。
7. 体能——攻防转换节奏快，促进机体供能能力，有利于超量恢复。
8. 真实（实战）——小场地几乎能回答足球所有问题，是11人制足球的"DNA"。

（二）小场地培养攻略

1. 强化个人能力

• 能力表现：

- 技术准备：

进攻（控制球）：

停、接球——地滚来球
　　　　——空中来球
　　　　——反弹球
　　　　——不同方向来球
　　　　——正面对对手
　　　　——侧面对对手
　　　　——背身对对手
　　　　——身体控制范围内
　　　　——离对手的远端脚
　　　　——减少停球时的调整次数，直至一次性成功停接
　　　　——选择方向加摆脱（连贯）
　　　　——运用身体各部位（头、胸、腹、腿、脚）

带控球——变向，1v1
　　　　——变速，1v1
　　　　——假动作，1v1
　　　　——摆脱（不完全突破）
　　　　——直线快速较长距离带球
　　　　——借助同伴掩护（二过一）

传球——短传
　　　——中、长传
　　　——地滚球
　　　——空中球
　　　——反弹球
　　　——直接传
　　　——行进间传

射门——脚各个部位、头、其他
　　　——直接射门
　　　——经过调整射门（尽量减少调整球次数）
　　　——行进间带球射门

——结合假动作突破、摆脱射门

——心理品质，稳定应对各种干扰

——身体素质、速度、力量、灵敏

防守（无球行动）：

站位、选位——成为对手与本方球门之间的屏障

　　　　——依据持球者停、接球情况，正面、侧面、背身

　　　　——施加压力，接近对手

　　　　——利用身体卡位

移动——保持合理距离，随情移动向后、向侧或转身

　　——移动中伺机抢断、破坏

抢断——准确判断

　　——对手对球失去控制的一瞬间

　　——用离球最近的一侧脚

　　——利用合理冲撞

2. 提高小组比赛能力（适合8~12岁）

● 能力表现：

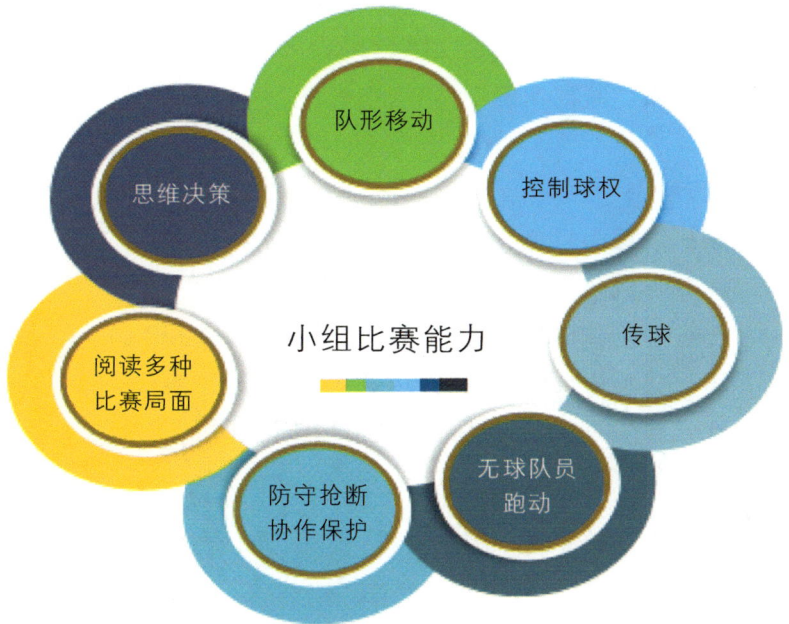

- **技、战术准备：**

进攻（保持球权）：

控制球——采取护球、带球寻求支援
　　　　——利用球场宽度，持续保持控球权
　　　　——寻找向前传球时机
　　　　——完成进攻终结，即射门

传球——传安全球
　　　——传威胁球
　　　——欺骗性传球
　　　——传隐蔽球（转移）

无球队员跑动——靠近、支援持球队员
　　　　　　——跑向空当
　　　　　　——制造空当
　　　　　　——跑向最有威胁地点，防守队员身后
　　　　　　——努力形成"三角"进攻
　　　　　　——与队友呼应

队形移动——"球出人出"保持层次，形成进攻压迫队形
　　　　——以球为目标，紧紧跟随
　　　　——无人"脱离比赛"

防守（无球行动）：

协作、保护——以球为目标，保持斜线防守或折线防守
　　　　　——形成防守压迫队形
　　　　　——对抢球队员临近的同伴随时提供保护和支持
　　　　　——移动中要有"轮转意识"，相互补位换位
　　　　　——最后一名防守队员的"清道夫"作用
　　　　　——与守门员交流

3．教学设计

- 发挥"小场地"多重复的功能，让孩子们获得更深刻、更扎实的专业动作记忆。
- 以比赛为导向，训练不离开比赛的框架，将真实的比赛场景进行简化或拆分，更有针对性地解决某一局部或环节的问题。
- 突显比赛中的本质矛盾——射门与阻止射门，以"射门"为引领，将技术、战术、身体、心理等诸多元素融为一体。
- 以"问题求解"的教学思想，引导孩子们的思维，培养其在面临复杂局面时寻找"最优解"。
- "小场地"攻防局面的快速、不断地来回切换是对孩子们思维、决断能力培养的最佳模式，其回报是——培养出有智慧的球员。
- 在训练和比赛中"无球员不进球"，使孩子们始终保持充沛饱满的动力，"乐趣和学习效率并进"，这是低龄孩子训练的黄金法则。

> 在训练中给球员们提出问题，并给予球员机会自己做决策来解决问题，教练员可以辅以专业的指导。
>
> ——英超布莱顿：克里斯·休顿

三、足球训练的教学逻辑思考

（一）训练依据

1. 以足球发展理念引领训练全过程。
2. 顺应当代足球比赛的时代特征。
3. 遵循"比赛是训练导师"原则。

（二）训练目标

1. 来源于对比赛中的观察，从中获得"足球问题"，观察比赛的五个"W"（荷兰足协）

- WHEN：哪个比赛局面（进攻、防守、攻守转换）？
- WHO：哪个人或哪几个人（全队、个人、局部、整体）？
- WHAT：发生了什么（技术、战术、体能、心理、智力）？
- WHERE：出现在什么区域和地点（前场、后场、中场、左、中、右路位置）？
- WHICH：问题发生的本质（由表及里、影响问题的本质因素）？

2. 内容属性

- 个人、多人、局部、整体
- 空间、时间、位置

- 有球、无球
- 进攻、防守、攻守转换
- 身体素质、持续力
- 足球智力
- 心理能力
- 教育

3. 程度属性

- 初步学习→ 进一步学习
- 改进→ 进一步改进
- 基本掌握→ 熟练掌握
- 训练完成→ 比赛中运用

（三）练习方法

练习方法是训练工作计划中的具体方案，也是训练的基本架构，它来源于比赛并在训练中还原于比赛。

1. 练习方法的设计原则

- 比赛是唯一依据，简化比赛，从中提取"问题"的部分。
- 凸显训练主题，高频率地不断重现主题内容。
- 压力设置需符合训练对象年龄和专业程度。
- 融入更多的比赛因素。

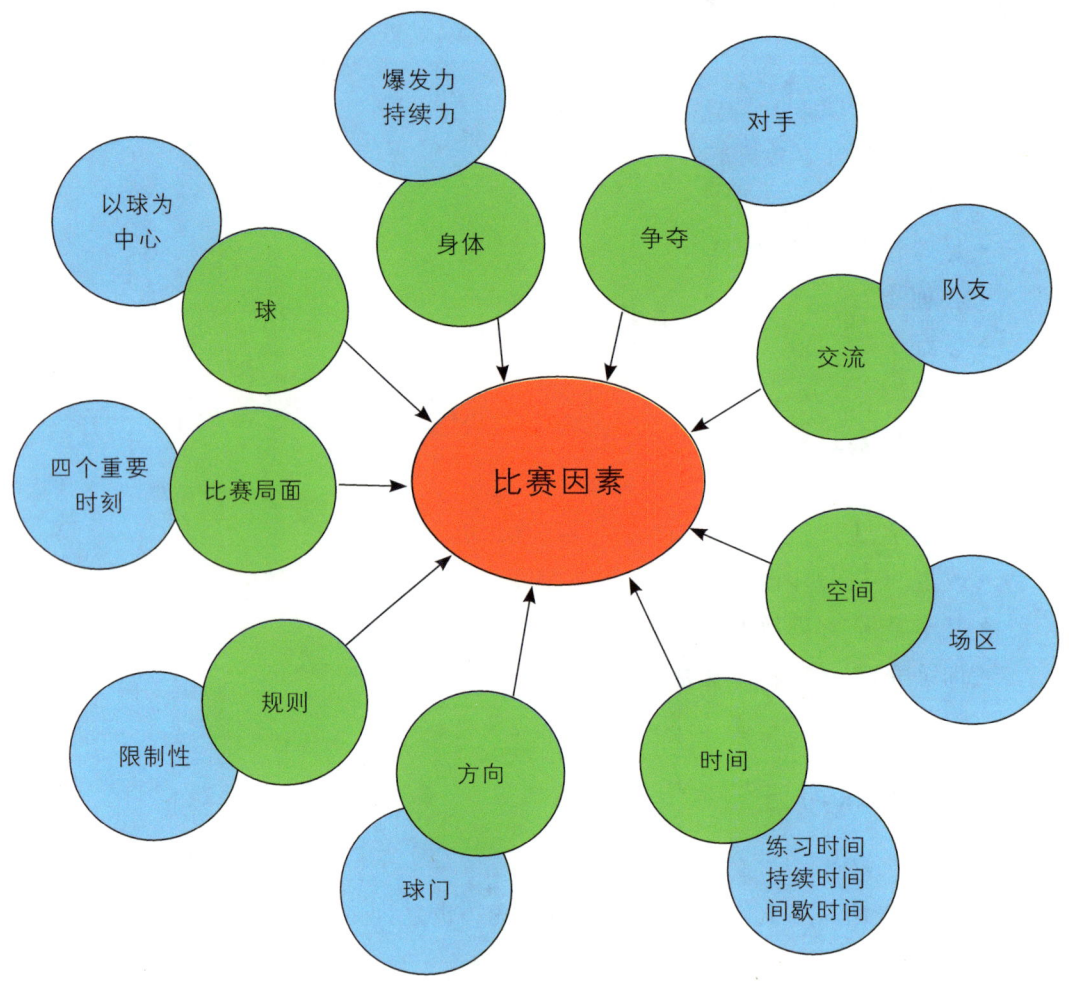

2. 练习方法在运用中的多维性

- 兼容：

在专属训练的场景中，除了针对性的内容外，会伴随性地出现与主题相关的内容。比如传球的训练，传球是持球者的个人行为，但伴随的是多人或集体的行为，它一定涉及传球的目标，由此会出现观察、判断、实际、选择、体能及同伴接应、跑位的动态过程，所以在训练中要处理好针对性与伴随性的关系。

- 拓展：

在训练中，所采用的练习方法，通常是针对某一问题而设计的，但在比赛中由于受到区域、位置、对手等诸多因素的影响，可以排列出多种不同情景的出现，如果将练习方法承上启下，即将比赛中"问题"发生的前因以及可预计的后续比赛发展适时加以结合与延伸，使训练更接近比赛，也使训练方法更具弹性。

- "练习方法"比赛化：

练习方法本身不是比赛，它属于训练的范畴，它会体现出训练不同于比赛的特殊功能，那就是训练可以将比赛中出现的问题反复重现。现代足球训练认为，将训练最大程度地接近比赛，这是训练最大的追求。如果在不失去训练的功能前提下，尽可能地将比赛中的问题结合区域、位置、人员，并辅以特殊的规则，设计成不同形式的小型比赛，这样有利于球员的理解和记忆。这样的练中有赛、赛中有练的练习方法才是最高境界。

（四）教学安排原则

1. 重复性

重复积累从量变到质变，叠加重复，符合螺旋上升原理。

2. 适宜性

与训练对象的年龄、认知水平、专业程度相匹配。

3. 渐进性

难度与压力逐步递增。

4. 操作性

依据场地、设施、装备、时间、气候、训练对象等条件切实可行。

5. 可调整性

遇突发情况，有调整备案，如气候、人员等。

6. 练习中的动态调整

根据训练实时状态，随机调整计划中的专业障碍难度。

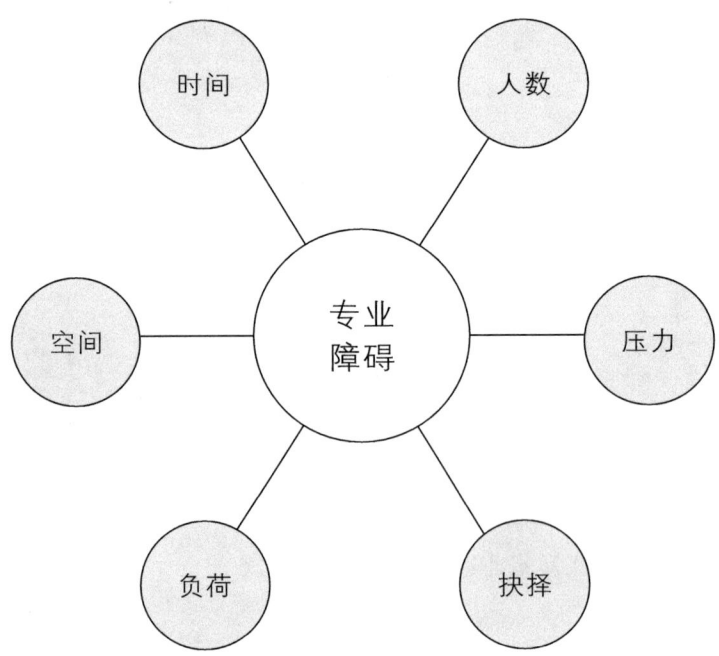

（五）有效指导

1. 语言精炼、专业、清晰、易懂，切忌责备式、嘲讽式语言。
2. 选择最佳的观察位置，读出训练中出现的共性或个性的问题，并能及时形成解决方案。
3. 示范动作规范、准确，但不要因太多的示范而占用练习时间，不要低估孩子们的模仿能力。
4. 根据情况可停止练习，定格纠错，可还原出现错误的场景或动作；不间断训练，边练习边用语言提示纠错；个别纠错；集体纠错等。但是应知道孩子们出现错误是常态，最好的做法是让孩子们知道错在什么地方。

（六）关于足球训练中运动负荷的把控

运动负荷是训练过程中极其重要的指标。对运动负荷的把控是否科学、合理，与训练效果和训练安全性密切相关。这也是足球教练员必备的专业能力。由于运动负荷涉及的因素极其复杂，以及年龄、性别、程度、性质、成长阶段等都有着许多的变数，所以教练员必须遵从运动训练学、生理学、心理学、教育学等相关学科知识，依据训练对象的具体情况把控负荷程度。

1. 影响运动负荷的要素
- 练习强度：人们在训练活动中、在单位时间里所承受的生理压力。
  运动生理学认为心率达到180次/分以上为大强度，140～160次/分为中等强度，90～120次/分为小强度。
- 练习频率：单位时间练习重复的次数。
- 时　　间：每次练习的持续时间。
  每次练习的间歇时间。
  训练课总时间。
- 活 动 量：练习中移动的距离。
  练习中完成的数量。
  练习中承受的重量。

2. 练习的强度、频率、时间、运动量的总和构成运动负荷总量。

3. 每个要素的变化或各要素之间的不同组合，也将构成不同大小的运动负荷状况。

4. 训练中要根据课程的需要、训练目标的性质、训练对象的年龄特点、阶段计划及内容的安排等具体情况设置适宜的运动负荷。

5. 对运动负荷认知所应该持有的观点
- 没有疲劳就没有训练。
- 正态疲劳的积累，响应超量恢复原理。
- 过度疲劳导致运动损伤。
- 体能付出的目的性和价值。
- 对低年龄的孩子，兴趣与快乐在训练中是第一位的。

四、足球训练课类别、流程及安排

（一）足球训练课类别

1. 分解式训练法

分解式训练法是指将足球基本技术以动作分类，进行单一、重复的训练，以达到动作熟练的训练方法。作为一种训练系统，分解式训练法在历史上曾经被教练员长期运用。在亚洲，特别是在中国，至今仍然被许多青少年教练员沿用。随着足球水平的不断发展，这种训练方式在足球发达国家早已因落后而被摒弃，因为这种以动作为导向的训练方式培养的结果，仅能形成肌肉记忆或对动作的条件反射，却无法面对复杂的比赛局面。

分解式训练法仅存的价值对初学对象（6~7岁以前）有一定的意义，或用于较大年龄孩子的训练和比赛前的热身活动。

2. 组合式训练法

组合式训练法是指将足球比赛中所需具备的各个要素进行组合或部分组合后纳入训练内容中。

这种组合一定要遵循以下逻辑关系：

- **比赛中的伴随关系**

比赛中进攻与防守就像一对孪生兄弟，相伴相随，有进攻就必然伴随着防守。这是足球比赛本质矛盾所决定的。这向人们提示了重要的训练法则——没有防守的进攻训练是不真实的，这也是组合训练的基本框架。

- **比赛中某种局面的延续和发展关系**

如控制球权的训练。在训练中不仅仅需要关注个人护球、带球用以寻求支援，其发展必然出现局部战术层面的无球队员观察、选位、合理跑动接应等活动，将控制球与其他队友的跑动与接应组合起来，这才更符合真实比赛的场景。

- **比赛中的因果关系**

如射门训练，临门一脚只是最终的动作，而与临门一脚有重要关联的是射门机会的创造、合理的跑位、精准的接球或巧妙的突破过人与摆脱、身体的力量与敏捷、稳定的心理状态等。训练中只有将有关射门这一环节的多种要素组合起来，才是比赛中所需要的完整的射门训练。

- **组合中的主导与从属关系**

如反击进攻的训练。显然，反击是训练目标中的主导问题。训练中主要解决的是夺取控球权后的观察、传球、与前方队员的约定、跑动、接球等一系列进攻行为的问题。然而，引起反击行为的先兆和前奏是防守，没有防守何来反击？只不过，相对而言，在这种组合训练中防守已成为从属关系要素。

- **相得益彰的关系**

在训练中，任何要素都不可避免地要与身体要素相组合，只是比重大小不同的区别。身体要素中的各项指标，速度、力量、灵敏、协调以及心肺功能所表现的运动持续力等都对其他各要素产生积极的作用。在训练中应根据需要加以调节和控制。

- **软指标的渗透关系**

在比赛和训练中，心理和智力因为无法量化而难以被描述，也往往在训练中被忽略。但这两项要素在比赛中占有极重要的位置，特别是现代足球比赛的节奏越来越快，对运动员思维速度、抉择能力要求也越来越高，所以在训练中，教练员应特别重视孩子们阅读比赛能力的培养。也应在组合训练中，无论何种组合，心、智都是必不可缺的要素，使心、智与其他要素相伴成长。

组合式训练法在足球先进国家被普遍地采用，是青少年足球训练最有效的方式。

3. 整体式训练法

整体式训练法是组合训练法的升级版，它是以模拟真实比赛为目的的训练，在组合训练法的基础上将比赛所需具备的技术、战术、身体、心理、智力等各要素整体综合地纳入训练中。与组合训练法相比，场区的扩大（近似或等同比赛场地）、人数的增加（近似或等同比赛人数）、运动负荷强度的加大，能够使训练更接近真实的比赛。为检验训练效果的练习比赛、热身赛等也应该纳入其中。

整体训练法更多地要体现团队的攻防行为、俱乐部的比赛哲学。

（二）阶段划分

一次完整的训练课可分为六个阶段，分别是课前准备、热身阶段、引导阶段、学习阶段、提高阶段、结束阶段。

（三）各阶段任务

1. 课前准备

- 提前拟定训练计划
- 教练员至少提前20分钟到达训练场地
- 安全检查
- 器材准备
    —— 足够数量的球
    —— 活动球门
    —— 标志筒、标志盘、标志杆等
    —— 身体训练有关的器具，如绳梯、跳绳、小栏架等
    —— 计时器
- 装备
    —— 服装颜色

　　　　——分队服
　　　　——训练用鞋、球袜、护腿板等

- 场地布置
　　　　——训练所需要的区、线
　　　　——排除安全隐患，如石头、锐器物、坑洼等

- 医务护理
　　　　——护理专业人员
　　　　——急救措施、药物、担架、车辆等

- 饮料补充
　　　　——纯净水
　　　　——运动饮料

2. 热身阶段

- 充分调动和唤醒人体植物神经兴奋度，使之分泌产生关节滑液，起到关节润滑作用。
- 牵拉肌肉使之具有弹性。
- 防止发生运动性损伤。
- 使人体由静止状态逐渐进入最佳运动状态。
- 为下一阶段奠定基础。
- 一般性热身，内容可安排跑步、游戏、专项体操、球性练习等。
- 专项性热身，除以上活动外可安排与本次课训练主题有关的传接球活动等。
- 时间安排为15分钟。
- 不论年龄大小，热身阶段不可简化和轻视。

3. 引导阶段

- 在热身阶段的基础上，设计一至两个练习方法（练习1、练习2）向训练主题引导。
- 此阶段所设计的训练方法及要求上需有明显、清晰的递进逻辑，为下一个学

习阶段打下基础。
- 让队员明确知道此阶段练习的前瞻意义。
- 根据队员在训练中表现的认知程度，决定是否能进入下阶段的训练，所以此阶段的练习时间可以适当延长或缩短，一般占全课时间的20%~25%（以90分钟训练课为例，应在20~25分钟左右）。
- 可设置一些为强化主题而采取的限制性条件。
- 运动负荷持续时间要高于热身阶段。
- 练习人数、空间大小、对抗强度等逐步升级。
- 根据队员掌握的情况可以将训练向深度延伸。
- 为了让队员充分理解，此阶段可适当停止练习，进行指导、纠错。

4. 学习阶段

- 在引导阶段的练习方法上，向难度延伸。
- 接近比赛真实场景。
- 必要时可设置特殊规则与条件，使队员获得更多成功的体验。
- 逐步扩大场区、增加人数、提高难度和压力，也可调整进攻和防守人数（增多或者减少）。
- 根据训练效果，此阶段练习时间可以适当延长或缩短，一般应占全课时间的30%（以90分钟训练课为例，应在30分钟左右）。
- 运动负荷、持续时间、训练强度，更接近比赛状态。
- 此阶段是训练课的核心部分。
- 在指导时尽量不要停止练习，采用边练习边语言提示的方式。

5. 提高阶段

在学习阶段的基础上：
- 设置真实的比赛或部分真实的比赛。
- 检验本次课的训练效果。
- 评估训练课是否完成训练目标。
- 观察并给予答案。

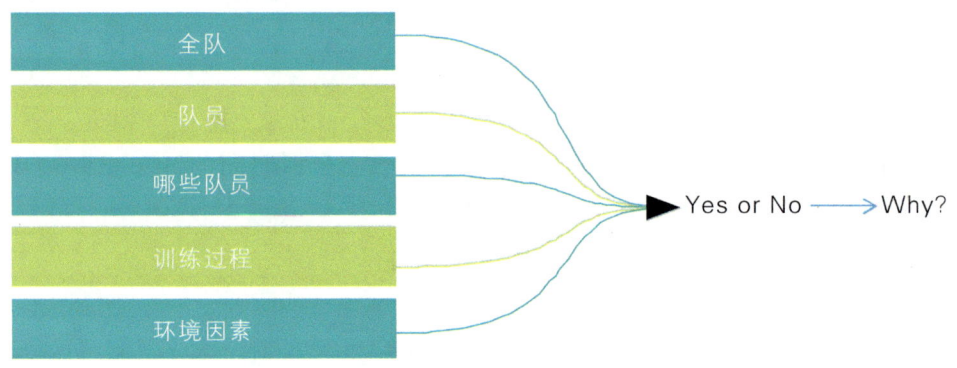

- 运动负荷达到全课最大值。
- 在此基础上确定下一次课的训练目标。
- 一般占全课时间的15%～20%（以90分钟训练课为例，应在15～20分钟左右）。
- 指导上不要中断练习。

6. 结束阶段

- 整理、放松（慢跑、走、肌肉牵拉）。
- 补水、喝能量饮料。
- 总结、肯定、鼓励、给予希望。
- 一般占全课时间的5%，约5分钟。
- 运动负荷逐步平缓，恢复到训练前，心率达到90次/分以下。

每个阶段的任务、内容虽不同，但之间的过渡应互有联系。

（四）课中各阶段内容及时间占比

（五）训练课运动负荷分配

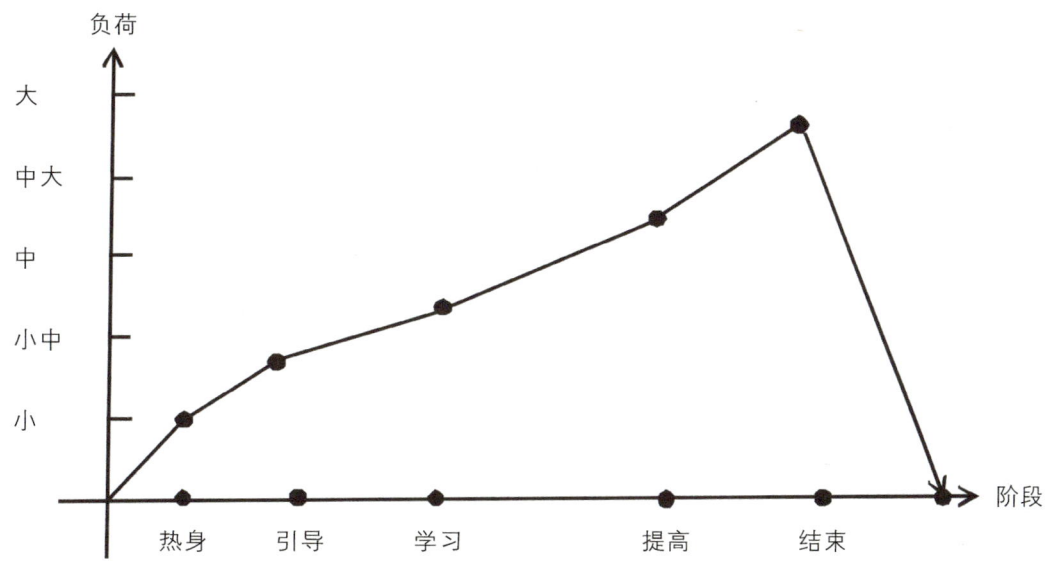

训练课运动负荷分配正态曲线图

五、现代足球训练的戒律

（一）反对静态无变化的简单机械式训练

静态无变化的简单重复训练对真实比赛无效，反对在训练课当中采用缺少变化的训练方式和以静态技术训练为主的组织形式，这种训练方式没有将真实比赛场景和变化设计到训练课当中，未帮助球员学会解决真实比赛问题的能力。

（二）提倡设置限制性条件的针对性训练

不设限制性条件的无针对性训练，对球员提高无效！所谓限制性条件是指为了强化训练主题而设置的特殊规则（如一脚触球、两脚触球、中间人、协助人、缩小或者扩大场区、增加或减少攻防人数等）。拒绝一堂失去针对性的训练课，反对教练员在训练中不加入对于具体问题加以解决的条件或规则设置，造成训练课对球员的技术运用和解决问题的能力提高无效。

（三）不赞同以教练员命令为中心的低效训练

以教练员命令为中心的训练对小球员的思维决策能力养成无效！拒绝以自我为中心的教练员，反对教练员在训练时永远以发号施令的方式让球员执行教练员的指令，而应多采用引导的方式帮助球员形成显著和长久的决策能力，以此让球员技战术能力储备在大脑"云端"。

（四）打破为训练而训练的教案式训练

完全照搬教案式的训练对训练目的无效！拒绝一堂丧失足球灵魂的训练课。反对教练员没有思考地使用"拿来主义"，在训练课当中不还原比赛场景，未把训练目的融入训练课的主题当中，照本宣科地将网络或者他人的教案直接复制到自己的训练课当中。

◆ 静态技术训练——对比赛无效
◆ 不设限制性的训练——对提高无效
◆ 命令式教学——对思维养成无效
◆ 照搬教案式教学——目的无效

> 新一代足球教练的一个重要特点是具有独创性和创新性，真正的技巧在于解释实践，而不是简单的学习和模仿，毕竟，每一组球员都是不同的，每个年龄组都是不同的。
> ——英超布莱顿：克里斯·休顿

六、一堂训练课模型

（一）训练课计划

训练课计划

日期：_____   训练时间：_____   备注：_____

训练目标	局部控制球及跑动接应能力		预期结果	基本掌握	负荷状况	中、大	
阶段	组织方法（图）				说明	要求	时间
热身阶段	图1 图2				1. 集合，讲述本次课训练目标及内容（2min） 2. 牵拉体操（3min） 3. 将队员分成若干组，每组3人 4. 3人一球在20m×15m区域内自由跑动传球（10min）	1. 无球队员积极跑动接球 2. 跑动中掌握规律，左、右交叉换位（图1），上、下交叉换位（图2）	15min

48

训练目标	局部控制球及跑动接应能力		预期结果	基本掌握	负荷状况	中、大
阶段	组织方法（图）			说明	要求	时间
引导阶段	图3 图4			1. 在热身阶段的基础上增加防守队员1~2名，并在此区域内进行3v1或3v2（图3、图4） 2. 进攻队员可以射门；防守队员抢到球后可将球传给教练员，然后由教练员将球传给进攻队员，重复练习	1. 传球时掌握传球力量，将球传向接应队员跑动的前方 2. 注意跑动时无球队员一扯一插的节奏与时机 3. 防守队员认真防守	20min
学习阶段	图5			1. 增设防守队员，形成3v3 2. 在两边线各设一名中间人，协助控球方，但不能进入场内，可在边路自由活动，参与进攻 3. 控球方尽快完成射门，设小门，无守门员，射进得2分 4. 如控球方未能完成射门，连续传递6脚得1分	1. 鼓励进攻方尽快完成射门 2. 控球方利用人数优势，不要轻易失去球权 3. 双方均以计分方式进行比赛	25min

49

训练目标	局部控制球及跑动接应能力	预期结果	基本掌握	负荷状况	中、大
阶段	组织方法（图）		说明	要求	时间
提高阶段	图6		1. 调整场区：30m×40m区域内进行4+1v4 2. 场内设一名自由人，协助控球方 3. 根据训练效果可撤掉中间人，形成4v4等数量比赛 4. 双方按比赛规则进行比赛	1. 增加团队的控球意识 2. 创造射门的机会是首先不要为控球而控球	27min
结束阶段			1. 慢跑、调整呼吸、整理牵拉肌肉 2. 集合、小结本次课训练情况 3. 宣布下一次训练目标、内容		3min

（二）模型解析

1. 训练目标

提高队员局部控制球能力，以及跑动接应能力。

思考：目标设定的依据是什么？
⇨ 来源于比赛中的观察。

（注：这里设定的是周赛制安排，在我国还有许多地区还未设立周赛制，如果没有周赛制，也可遵循这样的思路，可依据上一场比赛，或者是平时观察到的"足球问题"。）

思考：造成局部控制球失误较多的原因？队员何种表现？
⇨ 对手造成我方局部压力较大以至于在本方控球时失误较多，不能完成进攻，个人对球的控制能力较差，而且同伴不能及时地支援和接应。

思考：进攻队员如何应对？
⇨ 尽量保持控球权，无球队员多跑动，多接应有球队员，传球准确，减少失误。

思考：本次训练课核心任务是什么？
⇨ 在设置一定的压力下，提高队员个人的控球能力及局部小团队的控球能力。

指导重点：持球队员的控制球，无球队员的跑动与接应。
指导难点：在强化控球的同时，理解控球是一个过程，将过程转换为对对手的侵略性才是目的。

2. 热身阶段

思考：安排一般性热身，还是专项性热身？
⇨ 最好的选择是安排一些与主题相关的简单的传接球活动，在20m×15m的区域内，3名进攻队员熟悉相互之间的跑动、传球、接应的规律。

3. 引导阶段

思考：如何与上一阶段既有联系又要在难度上逐步递进？

⟹ 在热身阶段的基础上，增加一名防守队员，主要对进攻持球队员施压，视进攻队员完成练习的效果可再增加一名防守队员，形成局部3v2。

思考：为什么不设3名防守队员？

⟹ 考虑进攻队员还未完全适应（预估），此阶段确保控球方有更多的成功体验，有助于提升信心，巩固概念。

思考：为什么不采取比赛的形式？

⟹ 为了强化主题，保证重点，更多地重复进攻控球局面，所以防守者抢到球后尽快传到教练员即可。

4. 学习阶段

思考：如何使训练更接近目标？

⟹ 在引导阶段的基础上设置更多的专业障碍。

思考：如何设置？

⟹ 增加人数（进攻和防守），加快节奏，限制进攻时间。此阶段仍可让进攻方保持人数优势，设置中间人，但这种优势应逐步减小。因此视情况可再增设防守人员。为了进一步突显主题，增设进攻者6次连续传递的特殊规则。

指导难点：要准确地把控好或调整好对进攻队员的压力。要求进攻队员尽快完成进攻终结——射门，绝不要为传球而传球。

5. 提高阶段

思考：如何使训练还原于真实的比赛？

⟹ 扩大场区，在30m×40m区域内进行4v4，此阶段开始仍可设一名中间人，视效果逐步撤掉中间人。

指导要点： 此阶段教练员只做一些必要的提示即可，不要停止比赛，重要的任务是观察训练所带来的变化。

思考：如何评估训练目标是否完成？

⇒ 指标1：经验判断，历史对比。

指标2：建立档案，比对成功率（与本次训练目标相关）。

$$比赛成功率 = \frac{射门次数}{传球次数} \times 100\%$$

$$传球成功率 = \frac{成功次数}{传球次数} \times 100\%$$

指标3：观察队员状况、表现，从与队员交流中了解队员自身感受。

指标4：教练员自我反馈（指导、安排、控制等）。

成功的训练给教练员带来的是享受，所以此阶段也被誉为享受阶段。

6. 结束阶段

此阶段时间虽短，但也是不可或缺的阶段，必须认真做好运动员机体的恢复练习。

"没有疲劳就没有训练"，同样"没有恢复就没有训练"。

计划：实施：总结 = 1 : 1 : 1

七、青少年足球身体训练（提示）

（一）观点

1. 运动生理学不支持12岁以下青少年进行大力量训练和大强度的极限训练。
2. "身体训练是足球训练，足球训练是身体训练。"（荷兰足协）
3. 速度、灵敏、柔韧、协调性等素质是青少年训练的主要内容。
4. 身体训练的目的更注重"培养对比赛结果做出积极贡献的能力"。（荷兰足协）
5. 身体训练的形式与内容应与克服足球比赛中的专业障碍密切相关。

（二）训练设计

1. 以足球比赛中运动员的身体活动规律为依据（尽可能结合球）

- 突然起动
- 急停
- 变向
- 变速
- 转身
- 后退
- 折返
- 短距离（5—8—15m）冲刺
- 曲线或不规则冲刺跑
- 持续、短时间歇冲刺跑

- 跳跃
- 翻滚
- 辅以声觉与视觉的应答能力配合以上练习

2. 与技、战术训练相结合

- 加大练习运动负荷
　　——加快训练节奏。
　　——控制间歇时间。
　　——增加重复次数。
　　——延长训练总时间。

- 改变练习难度
　　——提高压力程度。
　　——扩大训练场区。
　　——增加或减少练习人数。
　　——设置规则，高强频率出现攻、防转换场境。

八、关于青少年足球守门员训练（提示）

守门员在现代足球比赛中的作用越来越突出，一个优秀的守门员在比赛中甚至可以决定比赛的胜负，但对于年龄较低的孩子而言，并不赞同他们过早地进行位置专门化的训练，而应该和其他孩子一样地学习基本技能，在全面打好足球基础技能之上学习守门员专业技能。

（一）选材

1. 身高：守门员的选材首先离不开身高，这是毫无疑问的，要求与同龄人相比身材较高（身体形态现状），或有长高趋势（遗传因素）。

2. 身体素质：奔跑能力、机敏、协调、反应较快。

3. 性格特征：要有领导意识，敢于承担责任，应对比赛时能表现超出他人不同的沉着和冷静。

（二）基础培养

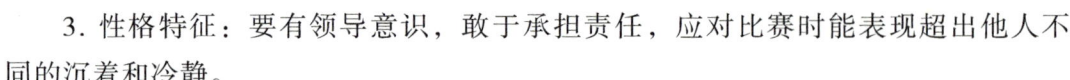

不要过早地固定守门员的位置，不要忽视脚下技术是未来守门员成功的重要砝码。因为5～12岁的孩子从身高长势或者其他成长方面都存在无限的可能，应除守门员专项以外，适当多安排与其他孩子的同步训练。

1. 起始状练习（适合于小年龄段6～10岁）

- 了解规则，发挥守门员可以在罚球区内用手接球的优势。
- 基础技能：

——在移动中各种处理球的方法：
- 两侧
- 向前
- 向后
- 侧向后退

——学习其他位置的球员所要练习的各种技能。

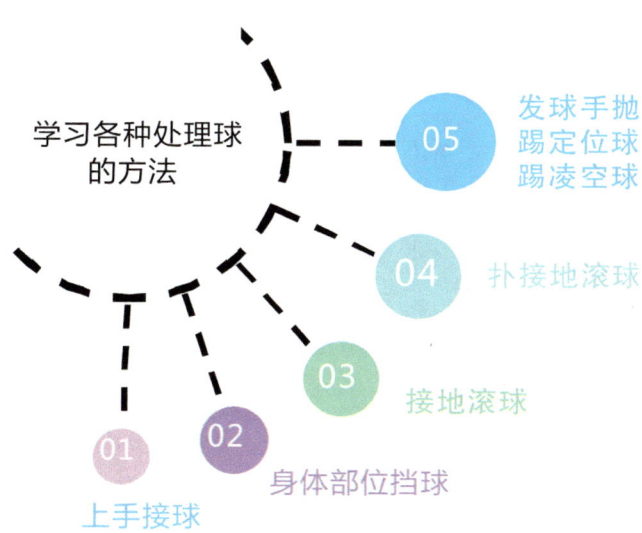

2. 深度练习(11~12岁)

- 比赛能力

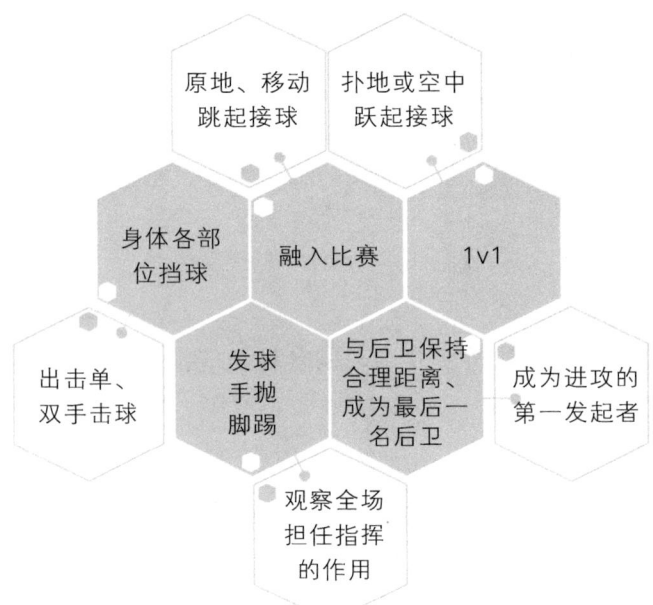

- 专项身体能力

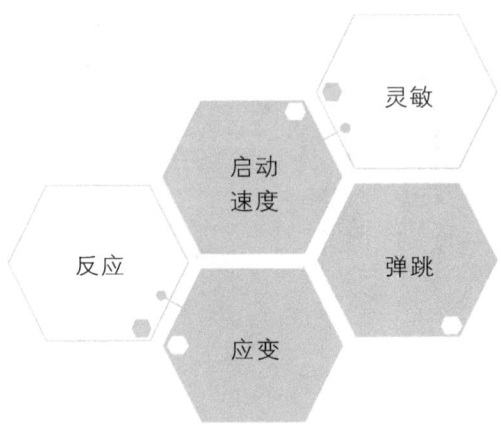

建议该年龄段不要做过多的守门员专项训练，多在比赛活动中提高相应能力。

九、现代足球对教练员的时代要求

（一）教练员对球队的贡献

1. 经验——深谙青少年成长规律、足球运动员的成才规律，熟知球员到什么阶段，在什么程度需要给予什么样的帮助。
2. 规划——熟悉球队的每一个球员，根据每一个球员的具体特点以及整个球队制定详细、完整的发展规划和目标。
3. 改变——采取最有效的训练方法改变球员、改变球队，不断地带领球队挑战新的高度。
4. 指挥——比赛中正确地指挥，对出现的问题做出即时、合理的调整，不断引导球员提高对比赛的阅读能力。
5. 凝聚——化解一切负面因素，营造团队精神，将球队建设成有凝聚力的集体。
6. 总结——善于总结，对球员鼓励多于指责，过程重于结果。对胜、负皆有努力方向，对工作不断反思。

（二）多种角色集于一身

1. 教师——传授知识和技能，成为孩子们成长道路上的人生导师。
2. 执法者——制定并执行各种管理制度，公平对待每一个孩子。
3. 朋友——理解孩子们的诉求，包容他（她）们的错误。
4. 医生——熟知青少年、儿童在各年龄段的生理、心理特征，能诊断"问题"，并能开出"处方"加以解决。

5.学生——谦虚好学，倾听意见，不断吸取新的知识。

（三）"公关代理"——处理各种关系

善于表达交流

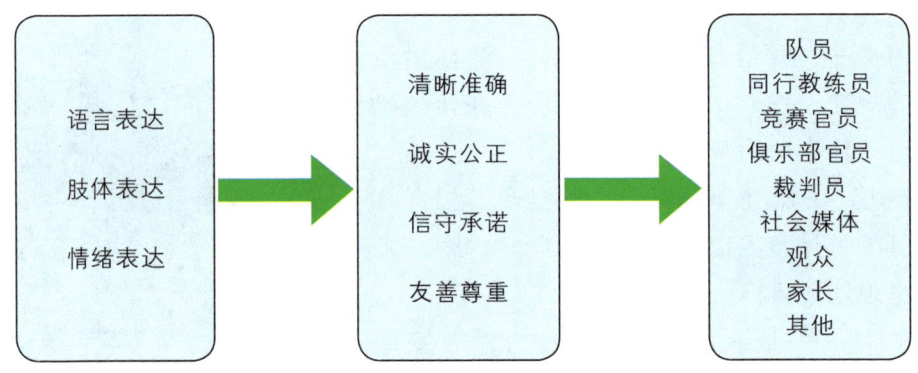

（四）具备多学科知识

（五）不断进取

1. 关注世界足球发展趋势及动向。
2. 向同行专家学习。
3. 努力参加更高级别培训，获取新的知识。
4. 专业知识培训：某一领域的专科培训（如体能、营养、运动恢复等）。
5. 行业培训：参加中国足协教练员等级培训，教育部组织的省培、国培等。

（六）成功教练员的性格模型

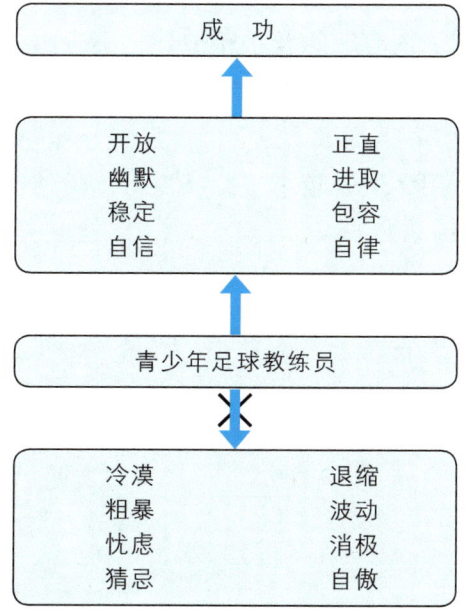

> 足球运动发生了巨大的变化，
> 教练员的角色和期望值也正经历着翻天覆地的改变。
> 现代足球教练是聪明的、民主的、以球员为中心的，
> 并具有分析能力、情感控制能力和大局观。
> ——英超布莱顿：克里斯·休顿

十、训练方法示例

说明：

训练方法示例仅仅起到提示和参考的作用。另外，这些方法只能用一种静态的图例进行展示，虽有方法说明和解释，但也很难表述出训练和比赛的动态过程，所以希望教练员能够结合自身对训练和比赛的理解以及具体的实际情况加以运用。更希望教练员们能在此基础上创造并设计出更多、更好的训练方法。

对于训练方法中的训练内容，除较小年龄外，不应以技术动作细分，而应突出比赛过程中的需要分离其内容。这样更符合现代足球的理念。

游戏法在训练中的运用多适合较小（5~6岁）年龄的孩子，也可用于较大孩子的热身阶段。

（一）游戏类

1. 灵感秀

> **组织方法**
>
> 1. 小队员每人一球，分4组，每组4人分别持球站在场地的四边。
> 2. 依次分别采用双脚交替踩球、左右脚内侧外侧交替的方式向前运球，在抵达对面边线时转身。采取不同的转身方式：拉球、内扣、外扣等。
> 3. 每次经过中线时发挥想象力做一个假动作。

> **知识点**
>
> 1. 向前运球方式：双脚交替踩球、左右脚内侧外侧交替运球。
> 2. 转身方式：拉球、内扣、外扣等。

> 1. 抬头观察。
> 2. 各种转身的技术动作。
> 3. 大胆尝试。
> 4. 鼓励创新和展示。
> 5. 鼓励左右脚更多接触球。

2. 虎口脱险

组织方法

1. 红队队员每人一球，扮演小老虎；要求在规定区域内只能以双脚交替踩球或者双脚脚内侧拨球的方式运球移动。

2. 蓝队队员每人一球，扮演小勇士；运球突破中间区域，到达对面底线并快速转身带回，并且在往返过程中未被小老虎触及则得2分，小老虎触及任意一名小勇士得1分。

3. 角色互换，规定时间内得分多者获胜。

知识点

注意观察场上情况，以便更有效地变向突破对手或破坏对手的运球。

指导要点

1. 运球。
2. 带球跑。
3. 转身。
4. 抬头观察。
5. 突破时机。
6. 左右脚更多的触球。

3. 三个火枪手

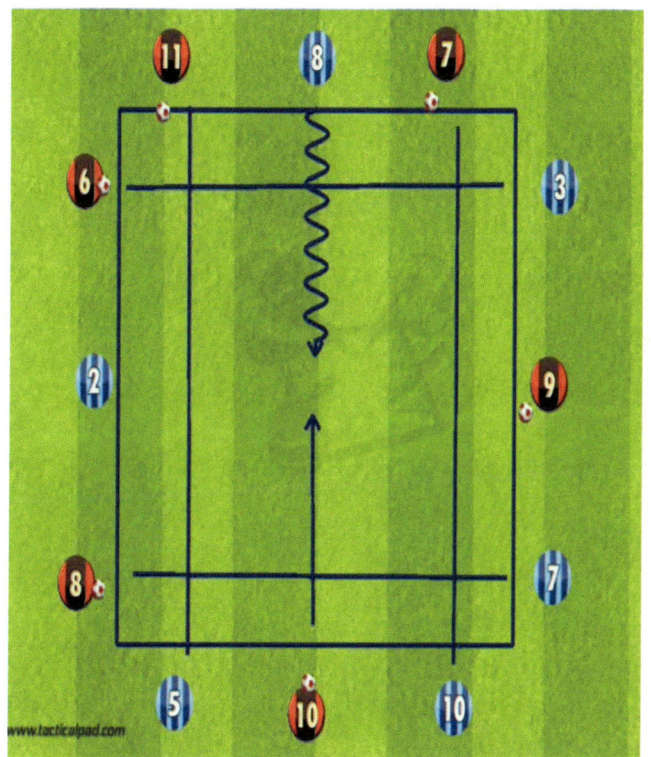

场区：大小根据人数、能力调整；4条底线区域为得分区；4角的区域为安全区。

组织方法

1. 红队队员每人一球，传球给对向的蓝队队员后上前防守；蓝队队员得球后1v1运球突破。

2. 蓝队队员运球突破达到对向得分区后，迅速转身返回出发得分区，得3分；过程中利用4角的安全区返回则只得1分。

3. 角色互换，规定时间内得分多者获胜。

知识点

1. 1v1运球突破。
2. 快速转身。

1. 运球。
2. 转身。
3. 抬头观察。
4. 决策。
5. 1v1突破时机。
6. 左右脚更多的触球。

4. 3v3触线得分

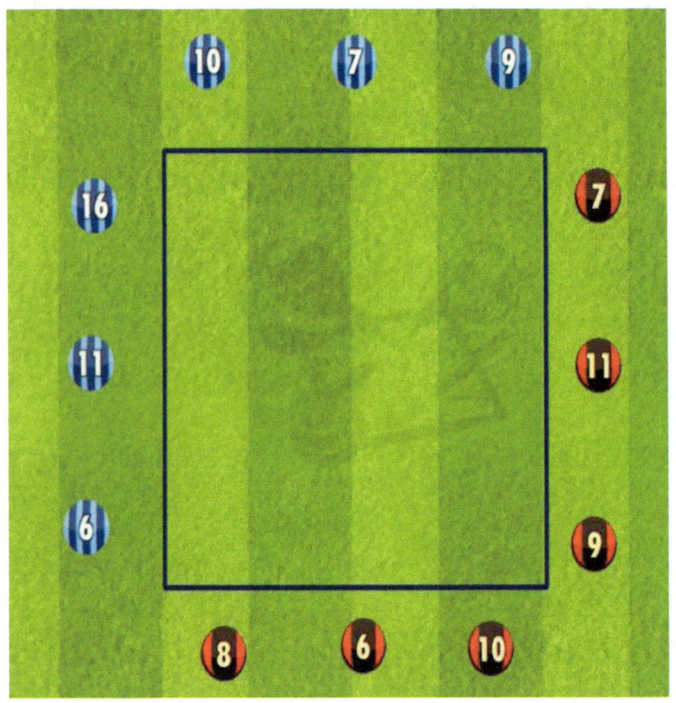

场区：大小根据人数、能力调整；4条底线区域为得分区。

组织方法

1. 3v3，两两对阵，规定时间内到达对方底线得1分。
2. 不断缩减规定时间。
3. 一定时间后交换对手，训练时间内得分多者获胜。

进阶：改变得分方式和增加球门。

知识点

3v3时懂得利用场地宽度。

指导要点

1. 利用宽度。
2. 控制球。
3. 大胆尝试。
4. 团队力量。

5. 环保大使

场区：大小根据人数、能力调整。

组织方法

1. 在场区内随机布满标志物作为垃圾（标志盘、桶、分队服等）。10人为环保大使，2人为破坏大王。角色交换。

2. 环保大使必须在运球的同时收捡垃圾，并躲避破坏大王的触及。一旦被破坏大王触及就必须将已捡到的垃圾重新扔回地面。

3. 环保大使们要力争以最快的速度收捡完毕垃圾。

进阶：要求环保大使不能连续去捡同一颜色的垃圾物品。

知识点

观察场上情况，以便有效地运球。

指导要点

1. 运球。
2. 控制球。
3. 观察。
4. 团队力量。

6. 穿越球门

场区：大小根据人数、能力调整；5个标志盘小门和4个移动小球门。

组织方法

1. 控球时传球给队友时穿越标志盘小门得1分。
2. 完成1次穿越球门后可以继续控球或者进攻4个移动小球门的任意一个。进球得2分。
3. 规定时间内得分多者获胜。

进阶：设置不同颜色的标志盘小门，红色必须用右脚传，蓝色只能用左脚等。

知识点

1. 注意观察四周空间与对手情况，以便有效控球。
2. 首次触球。

指导要点

进攻
1. 传接控球。
2. 传跑移动。
3. 观察。
4. 身体欺骗。
5. 交流。

防守
1. 传球线路。
2. 预判。
3. 观察。

7. 动物模仿秀

组织方法

1. 小队员们带球在森林里漫步,要求躲避同伴,以及绕过大树和草丛(标志杆和标志盘),慢速。

2. 发挥想象力,模仿自己最喜欢的动物运球。

知识点

通过模仿动物,激发孩子的想像力、创造力,大胆尝试各部位运球。

指导要点

1. 协调、平衡、灵敏。
2. 想象力。
3. 大胆尝试。
4. 动物英文单词的简单教学。

8. 警察抓小偷

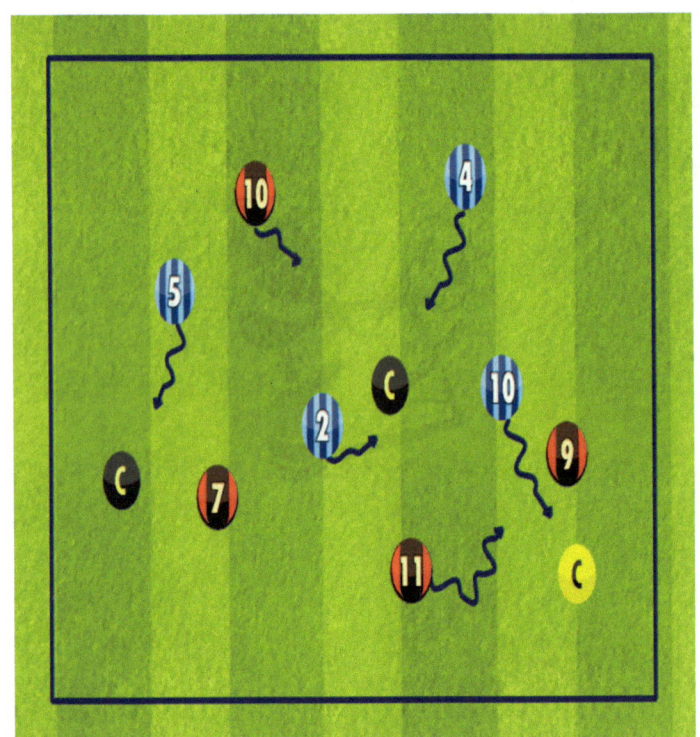

组织方法

1. 小队员们每人一球，扮演警察；教练或家长扮演小偷。

2. 队员运球追逐小偷，用球击中即为抓住。

3. 也可角色互换。

知识点

通过追逐的方式提高学生的运球、带球跑、变向能力。

指导要点

1. 运球。

2. 带球跑。

3. 抬头观察。

4. 亲子互动。

9. 夺宝奇兵

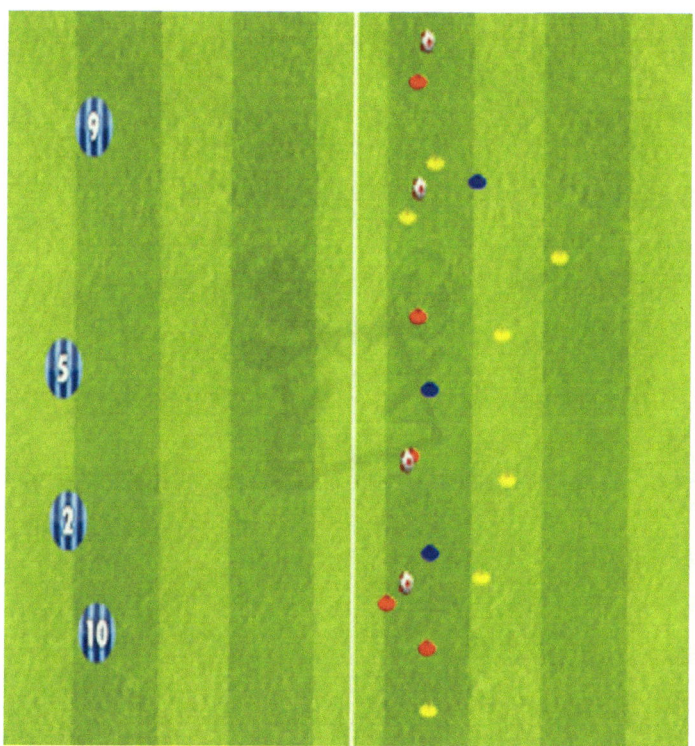

组织方法

1. 小队员们将置于对面的各色标志盘带回自己的领地。
2. 带球。
3. 分两队比赛，带回来宝藏多者获胜。

知识点

1. 快速运球。
2. 停球。

指导要点

1. 速度，急停。
2. 控制球。
3. 大胆尝试。
4. 团队力量。

10. 大鱼吃小鱼

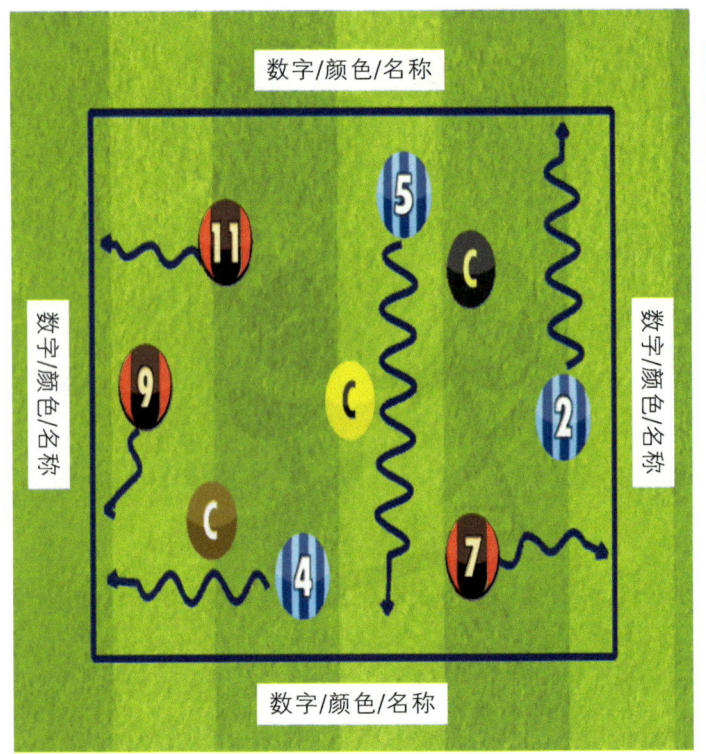

组织方法

1. 小队员们每人一球，扮演小鱼；教练或家长扮演大鲨鱼。

2. 中间场区为大海，四面由教练员命名的海滩（数字、颜色或名称）。

3. 练习开始时大家畅游在大海中央，教练员口令不同海滩，小鱼们要在被鲨鱼抓到前快速达到指定安全海滩。

快速带球跑。

1. 注意力。
2. 反应速度。
3. 快速带球跑。
4. 亲子互动。

11. 哈利波特的魔法球

组织方法

1. 小队员们每人一球，在设定场区内运球；场外2名队员扮演哈利波特，每人手持一个冰冻魔法球。

2. 哈利波特通过手抛地滚球的方式，试图用冰冻魔法球击中场内运球球员。一旦被击中，即被冰冻在原地，双脚打开，双手将球举向头顶；未被击中的队员可通过运球穿档的方式来解救被冰冻的球员。

3. 哈利波特可在场区外围任意移动，释放和收回冰冻魔法球。

4. 冰封球员多的哈利波特获胜。

知识点

1. 运球。
2. 变向。

指导要点

1. 注意力。
2. 抬头观察来球。
3. 运球变向。
4. 亲子互动（家长可扮演哈利波特）。

12. 激流勇进的小鱼

组织方法

1. 小队员们分成2队，每人一球，扮演小鱼，在场区中线集合；渔夫被设置在中线与底线球门间的限制区域内。

2. 小鱼的任务是躲避渔夫的拦截，运球突围并踢进底线放置的球门为得分，渔夫的任务是破坏小鱼的运球。

3. 得分多的队获胜。

4. 底线可设置不同颜色的球门，增加更多选择（黄色进黄门，绿色进绿门）。

知识点

注意空间和其他队员，以便更有效地运球与变向。

1. 注意力。
2. 抬头观察。
3. 运球变向。
4. 快速摆脱。
5. 亲子互动（家长可扮演渔夫）。

13. 爆米花

组织方法

1. 小队员们分成2队，每人一球，绿色扮演玉米，红色扮演追逐者。

2. 绿色队员被红色队员触碰后就原地蹲下（等待爆破的玉米粒）。同队队员可通过双手搭肩的方式完成爆米花（发出"嘭"的声音），使该队员重获自由，继续游戏。

3. 教授不同部位的运控球方式。

4. 绿队完成爆米花（解救）多的队员获胜；红队追逐触碰多的队员获胜。

知识点

不同部位的运控球方式。

指导要点

1. 注意力。
2. 抬头观察。
3. 运球变向。
4. 快速摆脱。
5. 身体移动。

14. 抢凳子

组织方法

1. 小队员们每人一球，在圆形区域外顺时针运球。场区内放置少于运球人数的圆环（凳子）。

2. 听教练员口令后，队员们迅速将球运向并停在圆环内。抢到凳子得1分，没抢到的不得分。

3. 先得到5分的队员获胜（可能不止一人）。

4. 要求不同部位运球。

知识点

1. 不同部位快速运球。
2. 变向。

指导要点

1. 注意力。
2. 抬头观察。
3. 运球变向。
4. 选择决策。
5. 身体移动。

15. 动态移动抢圈

场区：大小根据人数、能力调整；4块3v1区域。

组织方法

1. 区域内3v1练习，要求2脚球。
2. 在完成最少3次、最多7次传递后必须通过带球或传球换另一个区域。
3. 防守队员触到球、控球队员没有接到球、不足或是超过规定传球次数、转移过程中球碰到另外一组队员，以上情况均要交换防守队员。

知识点

1. 传控。
2. 首次触球。

指导要点

进攻
1. 传接控球。
2. 无球跑动支援。
3. 观察、视野。
4. 首次触球。
5. 交流。

防守
1. 传球线路。
2. 预判。
3. 观察。

16. 提高边路进攻能力

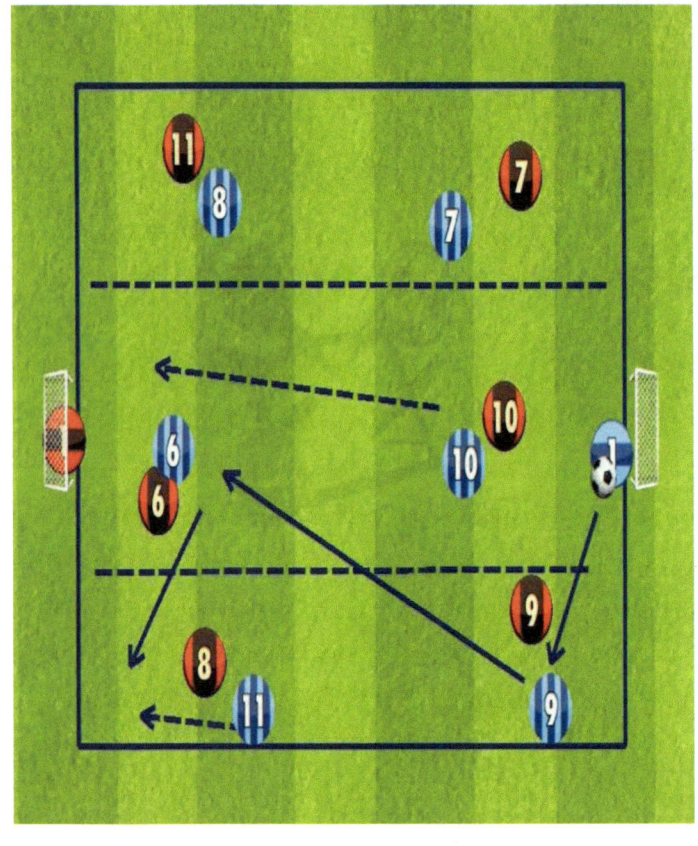

场区：大小根据人数、能力调整；划出边路通道。

组织方法

1. 两个边路区域2v2，中间两个球门区域各形成1v1。
2. 6v6比赛，只可以在自己区域内活动。训练时间内得分多者获胜。

进阶：

1. 限制各区域触球次数。
2. 增加选择，将球传向异侧边路以转移进攻方向（利用宽度）。
3. 得分球队可以继续控球，进攻另一侧球门。

知识点

边路进攻战术：边路进攻传中的方式。

1. 理解宽度，利用边路。
2. 控制球。
3. 大胆尝试。
4. 团队力量。
5. 首次触球。

17. 提高传渗透球和接应能力

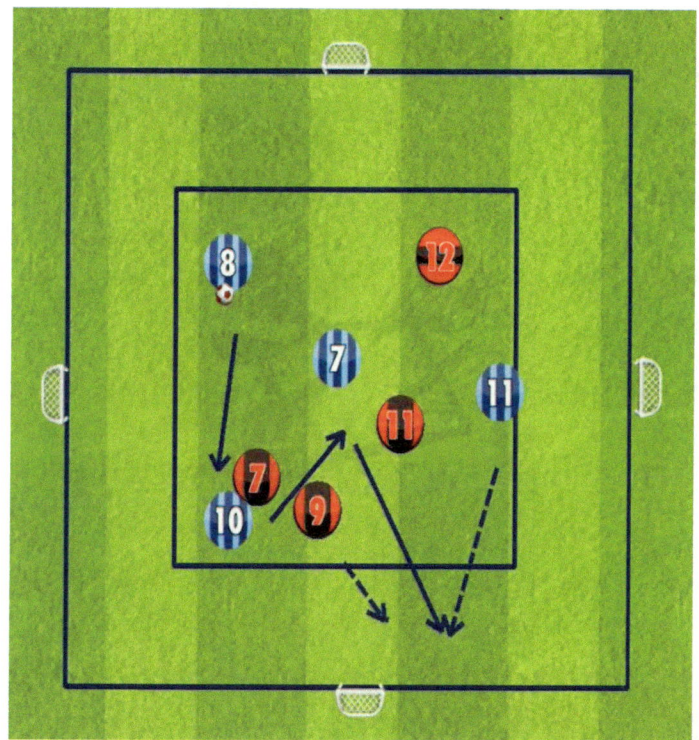

场区：大小根据人数、能力调整；外围四边设置4个小门。

组织方法

1. 中间区域4v4练习。
2. 起始阶段所有球员只能在中间区域，接渗透球时允许出来接球射门，邻近的防守队员也可出来防守。

进阶：

1. 增加越位规则。
2. 防守队员在外围拦截成功后可以直接射门。

知识点

1. 传渗透球。
2. 接应。

指导要点

1. 充分利用场地。
2. 支援。
3. 大胆尝试、时机。
4. 改变进攻方向。
5. 首次触球。

（二）综合类

1. 控制球（直线带球）

组织方法

1. 在10m×10m场地内，进攻者持球向对面方向带球，将球稳定地控制在对面边线上即为成功。
2. 如遇防守者则需将球护住或突破防守者，进攻者练习成功将球交给下一位队员重复此练习；如失败则与防守者互换职责练习。
3. 练习的起始状可设1名或2名防守者；防守者可任意选择抢截或干扰进入场内的持球者，视情况可逐步增加场内的防守者。
4. 边线4名持球者可同时练习。

知识点

对球的控制能力和观察能力。

指导要点

1. 观察场内情况和防守者情况。
2. 面对防守者时，大胆运用变速、变向或假动作突破防守者。

2. 控制球（快速带球）

图a

3. 控制球（曲线快速带球）

图b

组织方法

1. 如图所示，在5m×5m场区内（图a），或在半径为9.15m的圆圈内（图b），进行带球相互追逐练习。
2. 在一圈内追逐成功者记1分。
3. 完成一圈练习可换下一组练习。
4. 每组练习时，统一开始时间。
5. 也可进行集体接力追逐。

知识点

行进中控制球的能力。

指导要点

1. 直线快速带球时，可将球推送较远的距离，但不能失去控制。
2. 变向带球时，身体重心降低，推球注意力度，球与身体的距离以不失去控制为准。

4. 控制球（直线快速带球，边路传中）

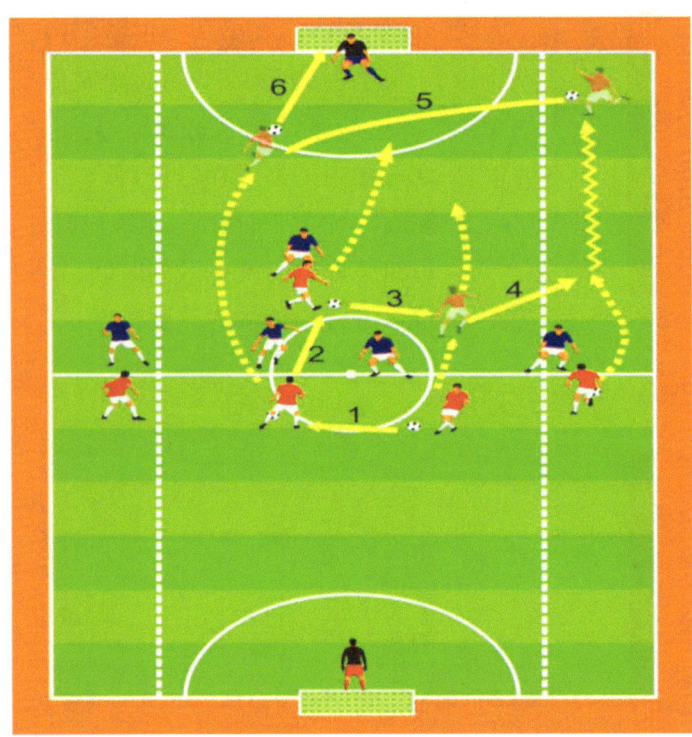

组织方法

1. 在30m×40m区域内练习。

2. 在场内设置限制线的范围内进行3v3+2GK。

3. 当控球方推进至中场附近可将球传给边路，边路队员高速带球下底传中。

4. 其他在限制区外的防守队员不能越过限制线抢对方边路队员的球，除了在边路限制区内的防守队员。

5. 当进攻队员快速下底时，其他进攻队员尽快跟进包抄、射门。

6. 当防守方抢得控球权则由守转攻，按比赛规则持续进行。

知识点

快速带球及传中能力。

指导要点

1. 边路队员接球后以最快的速度将球向前推进。
2. 控球方随时观察边路队员插上的时机和传球时机。
3. 进攻无球队员的跟进意识。

5. 控制球（护球）

组织方法

1. 在8m×10m场地内进行2v2练习。

2. 2名进攻队员需持续保持控球权，如遇防守者需将球护住或寻求支援；也可利用两个边线上的协助者。

3. 如能转身，将球传给另一端的协助队员，即可得1分，练习重新开始，或调换进攻方向连续进行。

4. 边线上的协助者不能控制球，只能限1脚触球，或2脚触球。

5. 球出线按比赛规则恢复练习。

6. 如防守者获得控球权则攻、防职责互换。

知识点

对抗下持续保持控球权。

指导要点

1. 持球者在寻求支援时需利用身体作为屏障将球停在防守者的远端。
2. 无球的进攻队员积极跑动，及时选择合理位置接应持球队员。
3. 学会利用身体将防守者隔开，用离、推、扣的技术动作。
4. 防守队员不要让持球的进攻队员轻易转身。

6. 控制球（变向变速带球）

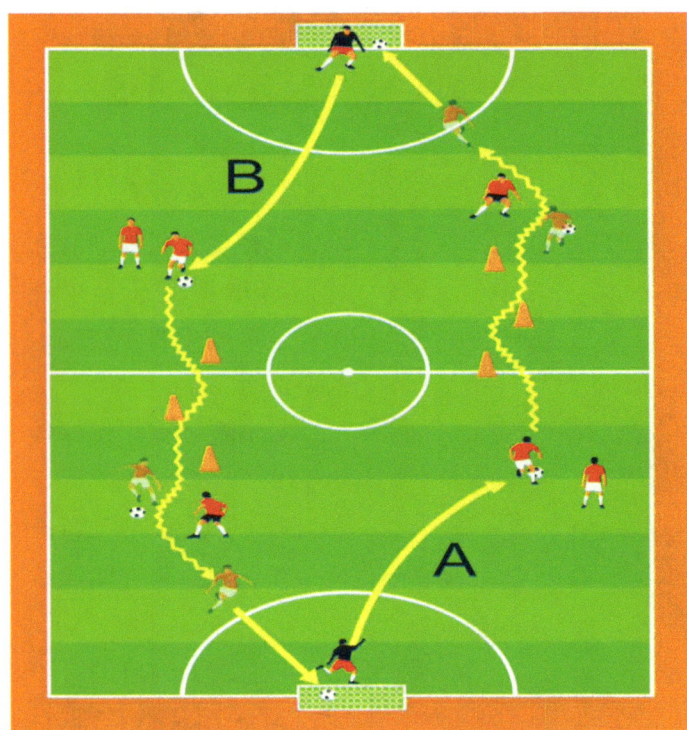

组织方法

1. 在30m×40m区域内进行练习。
2. 持球者带球绕过2～3个障碍物后突破1名防守队员，然后射门，在A处、B处同时开始练习。
3. 持球者成功完成射门后，再到B处重复此练习；如失败，则与防守队员交换，成为防守者；原防守者成功防守任务后成为进攻者进行练习。

知识点

带球时运用变向、变速、假动作的控制能力。

指导要点

1. 带球绕过障碍物时降低身体重心，以便应变。
2. 带球时保持好球与身体的合理距离。
3. 突破时要坚决（可不完全突破，摆脱防守队员即可射门）。

7. 控制球（选择方向带球）

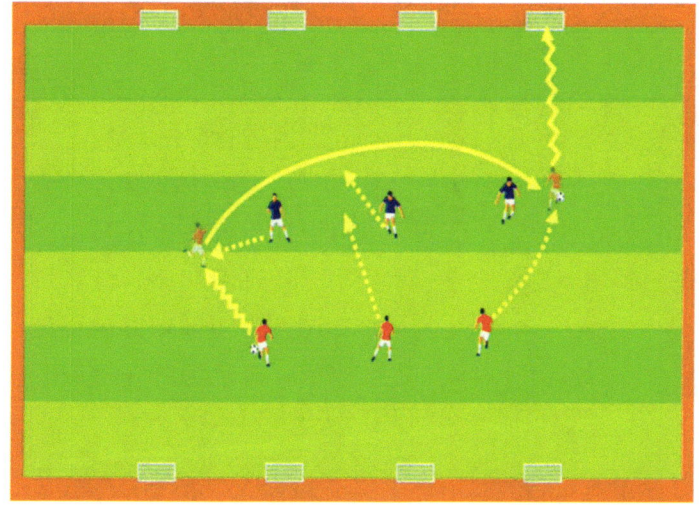

组织方法

1. 在20m×40m的场区内两边线各设4个小门。
2. 场内进行3v3练习。
3. 进攻队员必须将球带入对方边线的小门为取胜。
4. 防守方夺到控球权以同样方式进攻。

有目的地带控球、观察。

1. 带球时注意与同伴的传球配合。
2. 要注意观察防守方3人防守4个门所出现的漏洞，及时将球传给处于有利位置的队友。
3. 不要为带球而带球。

8. 控制球（观察、选择传球）

组织方法

1. 在20m×15m场区范围内进行6v3练习。

2. 在场内3组人员分别为红、黄、蓝各3人。

3. 练习起始，红、黄2组6人为控制球方进行传控球，蓝色为防守抢截方3人。

4. 控球方如果出现失误，而失误者是黄色队员，立即由黄色队员转为防守者，另外红色与蓝色成为控球方，以此类推。

5. 此练习也可以设进攻方向或球门。

知识点

快速观察并作出决断能力，传球前的观察、判断。

指导要点

1. 观察并快速识别攻、守人员的变化。
2. 控球时利用人多的优势尽可能减少失误，保持控球权。

9. 控制球（传球向前推进）

组织方法

1. 在20m×10m区域内进行2+1v2传控球练习。

2. 中间人（黄色队员）始终为控球方协助人。当球权转换后，中间人随之转换，始终形成3v2。

3. 一方传控推进目标为对方端线，在对方端线上将球踩停即为成功一次。

4. 按比赛规则持续进行练习。

5. 可适当扩大场区，增加人数，形成3+1v3。

知识点

持续保持控球权能力。

1. 进攻方队员的相互呼应，无球队员对持球队员的多方向接应支援。
2. 向防守方的身后和远端传球。

10. 控制球（选择、跑位传球）

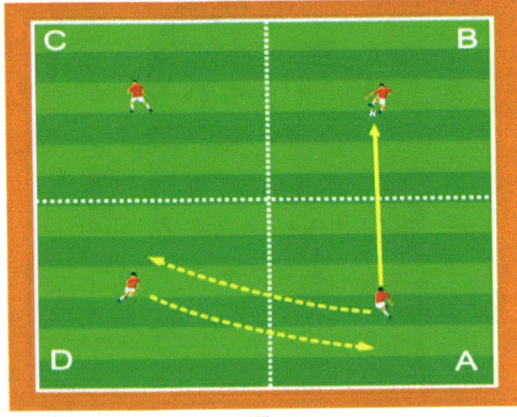

图a

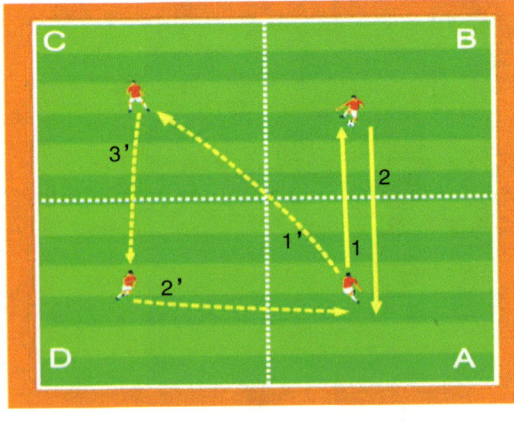

图b

组织方法

1. 在20m×20m场区内分为A、B、C、D四个区域。每个区域有一名队员。

2. 当队员传球后必须跑到另外任意一个区域准备再接球（图a）。

3. 接到球的队员，可将球再传到任意一个区域（图b）传出球后同样需要再选位跑动。

4. 在同一个区域永远不允许有队员重位。

知识点

观察，思维，抉择。

指导要点

1. 在无球队员跑位还不清晰时持球者可先将球控一下，调整节奏。
2. 如遇在跑动中有重位时，其中一名队员应该立即再选位。
3. 熟练后可限制脚数，也可增设1~2名防守队员。

11. 控制球（选择传球）

组织方法

1. 在40m×20m场区内4v4。
2. 在两端线上各设2个小门。
3. 攻守双方可攻击对方端线任意一个小门，可射、可传、可带球，越过小门即为成功。可按难度计算得分：射或传可得1分，带进球门可得2分。

知识点

跑位，接应观察，选择。

指导要点

1. 选择空当接应。
2. 拉开空间。
3. 调动对方防守，争取以多打少。

12. 控制球（选择传空当、威胁性传球）

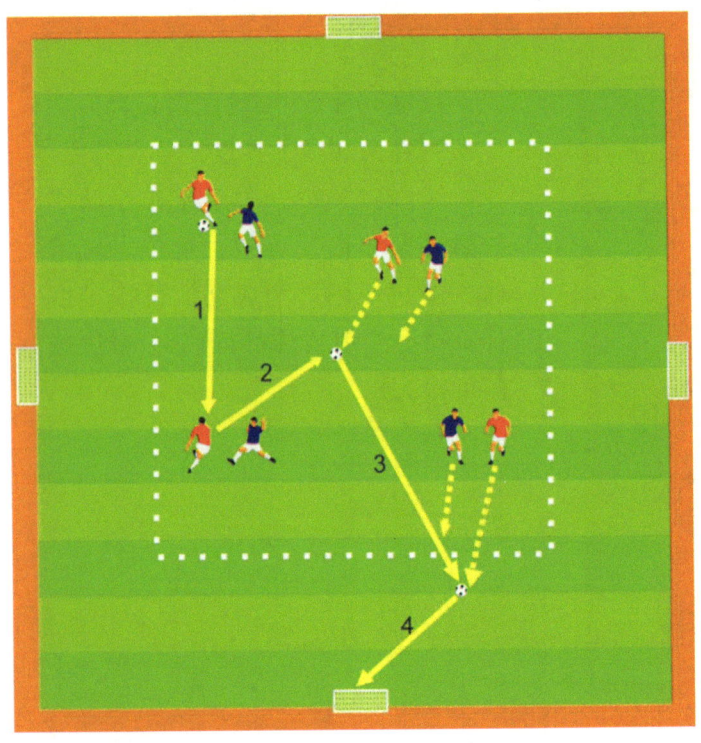

组织方法

1. 在30m×30m区域设置四个球门，另设20m×20m限制区。

2. 练习起始在20㎡区域内进行4v4比赛练习。

3. 鼓励控球队员传出渗透性的威胁球，威胁球可传出限制区，接球队员可出限制区接球并只能射门，防守者也可跑出限制区阻止射门。

4. 传球失误则攻、防职责交换。

5. 双方以射门成功计分。

知识点

选择传威胁性球。

指导要点

1. 控球方首先能较稳定地保持控球权，然后寻找传出威胁球时机。
2. 无球队员跑动可有多种选择方向。
3. 初始时如3v3控球困难，可增加中间人协助控球方。

13. 控制球（中、长传转移，改变进攻方向）

组织方法

1. 将40m×20m场地分成4个练习区。

2. 分别在A、B、C、D区域进行2+1v2传控练习。

3. 如A区，控球方必须在3次或4次触球之内将球长传给C区的同队队员。C区的攻方队员接球后在C区进行传控球练习，同样要求在3次或4次触球之内再将球传给A区的同队队员。B、D区进行同样练习。

4. 防守方抢得控球权后双方职责交换，按同样要求进行练习。

5. 中间人自始至终协助控球方。

观察选择转移传球时机。

1. 控球时随时观察远端队友的位置和动向。
2. 建立传球者与远端接应者的呼应信号及默契。

14. 控制球（改变进攻方向、转移传球）

组织方法

1. 在30m×40m场内进行4v4+2GK练习。
2. 场地布置在两边端线上各设2个小门。
3. 进攻时，进攻方可选择端线上的一个大门和任意2个小门射门得分。
4. 射进大门获2分，射进小门获1分。
5. 防守方抢得球权后，即转为进攻。原进攻方转为防守，持续练习。

知识点

比赛中转移传球的时机判断。

1. 在进攻方向受阻时，迅速观察远端，进行转移。
2. 无球队员跑动时有意扯动制造空当。

15. 控制球（整体保持控球权）

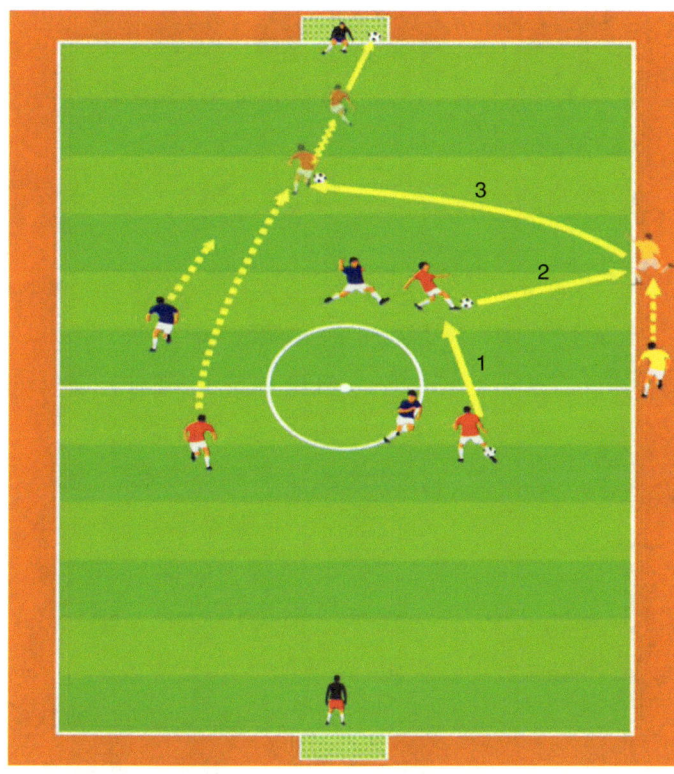

组 织 方 法

1. 在30m×20m场区内进行3v3+2GK练习。

2. 增加边线协助人，协助有球一方保持长时间持续控制球权。中间人限制只能一脚触球，并只能在边线活动，不允许进入场内。

3. 防守方抢得球权后，即转换为进攻，原进攻方转为防守，持续练习。

4. 在此基础上练习人员可逐步增加至4v4、5v5，亦可限制触球次数。

知 识 点

整体持续控球意识。

指导要点

1. 无球队员的多跑动，多接应，再选位。
2. 不要轻易失掉控球权。
3. 尝试制造空当（第二空当）。

16. 控制球（整体保持控球权）

组织方法

1. 在40m×30m场区内进行4+1v4练习。

2. 场内设1名协助者，永远协助控球方。

3. 红方与蓝方传球推进的目标是对方端线。

4. 红方将球传至对方端线队员即为成功（可计分）。由对方端线队员将球长传至本方端线球员，并重复练习。

5. 在端线上的球员不得进入场内，但可接应本方球员，仅限1脚触球。

6. 如蓝方球员夺回控球权后，先将球传给本方端线球员，并开始同样练习。

知识点

继续保持控球权。

指导要点

1. 控球方尽量拉开空当，利用空间，给防守者增加难度。
2. 积极跑动接应。

17. 控制球（带球射门）

组织方法

1. 在20m×40m场区内进行练习。

2. 红方队员带球突破或摆脱防守队员，将球带至适当距离射门。

3. 完成射门后快速转换为防守，阻止蓝方队员带球。防守成功或失败后慢跑回到原练习区准备下一次练习。

4. 蓝方队员按同样规律进行练习，双方循环进行练习。

知识点

跑动中完成射门。

1. 带球行进中处理好球与人的距离，始终保持在控制范围内。

2. 带球或射门时控制好身体重心，降低重心便于应变。

3. 观察防守者的意图及身体移动变化，以利于自己采取何种方式突破与摆脱。

18. 控制球（压力下连续射门）

1. 在20m×30m区域内进行4v4+2GK比赛。
2. 控球方力求传球简单，三次传球之内必须完成射门。
3. 场内四个角设4名协助者，可协助控球方一次传递，另外兼任供球者，当球出界立即向场内尽快供球恢复比赛。
4. 可根据情况增减练习人数或扩缩练习场区大小。
5. 此练习也可以与身体训练相结合。

知识点

压力情况下的射门能力。

1. 尽量少调整球，快速起脚射门。
2. 射门时动作幅度不要太大，注意隐蔽性和突然性。
3. 有补门意识。

19. 局部防守（1v1）（1—2）

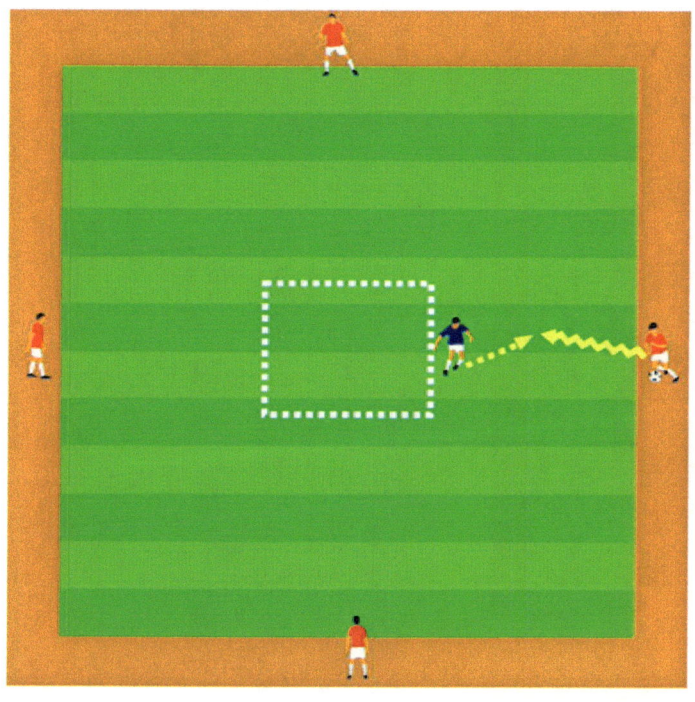

组 织 方 法

1. 15m×15m练习区域内设置5m×5m的"防守区"。

2. 在4个边路各站1名进攻队员，按顺序向"防守区"带球。

3. 1名防守队员必须阻止进攻队员带球进入"防守区"。

4. 进攻队员将球带入"防守区"即为成功，并由下一位进攻者重复同样练习。如失败，进攻队员与防守队员职责互换。

知 识 点

1v1防守能力。

指导要点

1. 面对持球进攻者时的防守动作运用合理、安全。

2. 正确判断抢球的时机，时机不成熟时不要冒然抢球，逼迫对手远离"防守区"。

20. 局部防守（压迫与保护）(a-b-c)

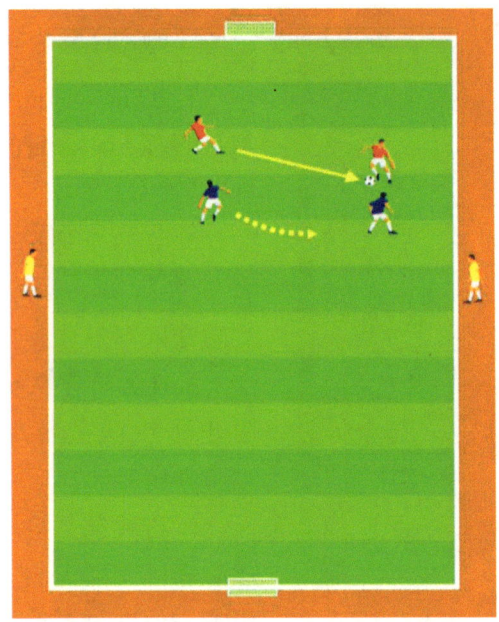

图a

图b

组织方法

1. 在10m×20m场区内进行2v2练习。

2. 边线各设一名协助者。协助者不允许进入场内协助控球方，且只能1脚触球。

3. 防守者需有一名对对方持球者进行压迫，而另一名防守者必须随时移动对队友进行保护（图a）。

4. 当对方持球人变化时，防守者必须调整位置，始终保持一个压迫，一个保护的局面（图b）。

5. 当进攻方带球突破后，两名防守者交换位置（图c）。

6. 双方比赛，以射门积分判定成败（可不设守门员）。

图c

邻近位置局部防守的移动规律。

1. 控球方尽量发挥有协助人的优势，可较长时间控球，以利于防守移动规律的形成。
2. 防守方保护人的距离要合理，并始终在侧后方站位。

21. 局部防守（局部防守反击）（a-b-c）

图a

图b

组织方法

1. 在20m×30m场区内进行2v2练习。

2. 在场区端线上设1名协助者及在边线上设1名供球者。

3. 练习起始由供球者将球传给进攻方，并由进攻方2名队员进行传球推进。防守者跟随移动向持球者施压，另一防守者必须后撤保护对球施压的防守者（图a）。

4. 当持球者将球传给另一名进攻队员时，防守者伺机上前抢断，夺到控球权后快速将球传给端线上的协助者（图b）；如防守队员抢断时机不成熟，则按图c的移动规律继续防守，寻找抢断时机。

图c

5. 当防守队员获得球权传给端线上的协助队员时，两名防守者快速向前接应。获球后带至端线将球控制住即为成功（图c）。

6. 成功一次后双方练习者可交换攻、防职责，重复练习。

 知识点

局部防守中，防守成功后的反击行为。

 指导要点

1. 防守时需要耐心，准确判断抢夺时机。

2. 在对第一防守者（离球最近者）保护时所应处理的合理位置及距离。

3. 反击发起后的快速转换反应。

22. 整体防守（全队防守队形移动、选位）

图a

图b

组织方法

1. 60m×40m区域内进行4v4练习。

2. 练习起始由对方保持控球。

3. 守方保持防守队形。

4. 当攻方将球传向防守方的左路时，左路防守队员上前对持球人进行压迫，防守方队形随球移动，保持队形呈折线型（图a）。

5. 当攻方将球传向中路时，中路防守队员上前对持球人进行压迫，边路队员回收，保持队形成正锥形（图b）。

6. 当攻方将球传向防守方的右路时，右路防守队员上前对持球人进行压迫，中路队员回收，保持形成折线队形（图c）。

图c

7. 练习初始可多重复队形移动的引导，逐步形成5v4（防守方增加1名队员）小型比赛。控球方如10脚传球之内无法形成射门则防守成功，防守方抢得球权后两脚之内能传到前场的接应队员则反击成功（如图a、b、c）。

知识点

防守队形移动规律协助防守及保护。

**指导要点**

1. 防守队形移动时注意相互的距离要合理，既可保护队友，又不形成空当。
2. 防守队员相互之间的呼应。
3. 对对方的持球人实行高压，体现"保中防边"的原则。

103

23. 整体防守（整体防守反击）（a-b）

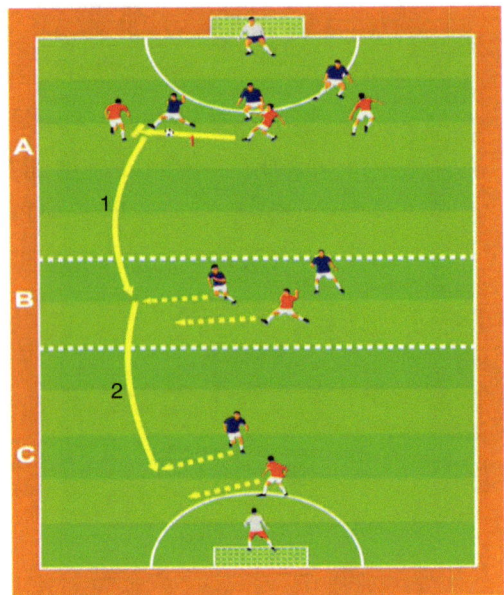

图a

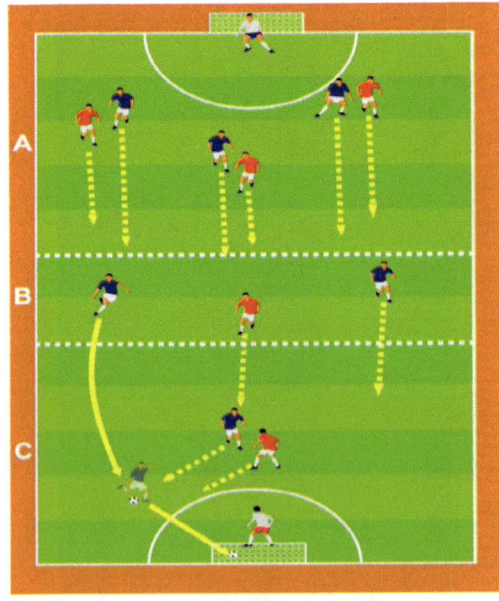

图b

组织方法

1. 将30m×40m场区区域划分为A、B、C区。

2. 练习起始由红方控制球权在A区进行3v3，红方进攻可以射门，如完成射门后继续由红方在A区控球恢复练习，练习中按比赛规则持续进行。

3. 防守方积极抢断，抢断成功后尽快将球传给B区的蓝方队友，B区有对方1名队员干扰，B区蓝方队员接球后尽快传C区本方前锋队员（图a）。

4. 要求红方队员也应快速回防。

5. 当蓝方将球传向B处时，在A区蓝方3名防守队员转化为进攻状态积极向前压制跟进，当蓝方将球传向C区时，在B区的蓝方队员尽快进入C区；在A区的蓝方队员至少跟进至B区也可进入C区参与进攻（图b）。

知识点

夺得球权后第一选择是向前传球,尽快发动反击的意识。

1. 防守抢断成功向前传时快速观察决断,可选择传给B区的任一队友,也可直接传给C区的队友。

2. 后方跟进队员要及时,队形有层次,与队友之间的距离合理,并警惕对方的反击危机。

3. 进入C区后尽快完成射门,或尽快与跟进的队友配合完成射门。

24. 全队进攻（渗透性传球进攻）

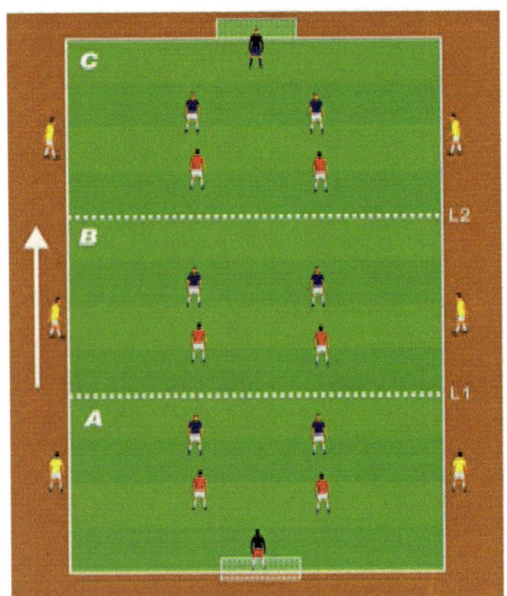

图a

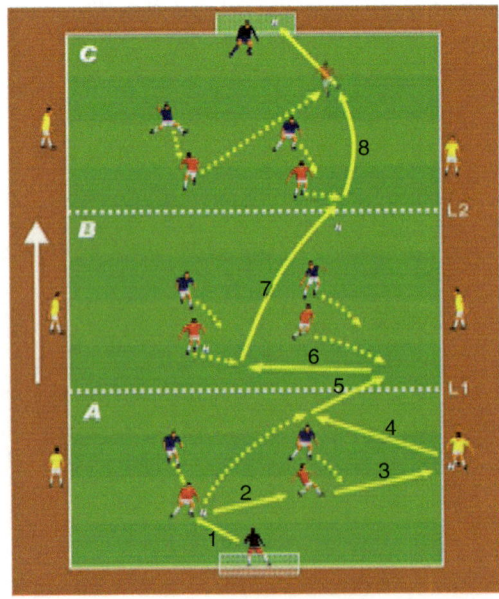

图b

组织方法

1. 在30m×40m区域内进行传球进攻练习。

2. 场内设置A、B、C三个区域，每个区域有2名进攻队员，2名防守队员。每个区域的两边线分别设2名进攻协助员（图a）。

3. 练习起始由进攻方守门员发球，在A区形成4v2攻、防练习。练习初始2名协助人可不限触球次数。

4. 当A区进攻队员将球传至B区队友后，原A区进攻队员尽快压上跟进至A区限制线L1处，此时原A区的防守队员也可跟进B区协助防守，在B区形成6v4。

5. 当B区进攻队员将球传至C区的队友后原B区的进攻和防守队员按以上方法同样进入C区，形成6v4。

6. 进攻队员完成射门即进攻结束（图b）。

7. 如防守队员在练习中夺得球权，则按同样方式进行反击。

渗透进攻推进过程。

1. 当球向前推进后，进攻队员一定要跟进。
2. 跟进时要注意层次，防止对方反击。
3. 练习熟练后，协助队员可限制触球次数。
4. 也可发展到场上攻防人员全部进入C区，形成8v6的阵地进攻。

球员控球时，最重要的是选择传球对象，
正确的选择是传给距离对方球门最近的队友，
而传给离自己最近的队友是最后的选择。

——意大利足协技术部主任：阿迪里奥

图书在版编目（CIP）数据

青少年足球培训指引：5～12岁／邓达之主编．－－北京：人民体育出版社，2020（2021.4.重印）
ISBN 978-7-5009-5869-7

Ⅰ．①青… Ⅱ．①邓… Ⅲ．①青少年－足球运动－教练员－师资培养 Ⅳ．①G843.2

中国版本图书馆CIP数据核字（2020）第189219号

*

人民体育出版社出版发行
北京建宏印刷有限公司印刷
新 华 书 店 经 销

*

787×960 16开本 8印张 142千字
2021年2月第1版 2021年4月第2次印刷
印数：2,001-3,000册

*

ISBN 978-7-5009-5869-7
定价：37.00元

社址：北京市东城区体育馆路8号（天坛公园东门）
电话：67151482（发行部） 邮编：100061
传真：67151483 邮购：67118491
网址：www.sportspublish.cn

（购买本社图书，如遇有缺损页可与邮购部联系）